Lonchas, correas y tamagotchis. Vínculos más-que-humanos

Gabriela Hens Spalla

Ilustraciones de Blanca Sánchez-Cano J.

© del texto
Gabriela Hens Spalla

© del prólogo
Atxu Amann
Lucía Gutiérrez

© de las ilustraciones
Blanca Sánchez-Cano J.

© de la edición
© Ediciones Asimétricas, 2024
www.edicionesasimetricas.com

Diseño de colección
Toni Cabré

Maquetación
Emi Ramírez

ISBN
978-84-10065-57-4
Depósito Legal
M-22342-2024

Impresión
Estilo Estugraf Impresores

Impreso en España
Printed in Spain

Índice

Quiero dedicarle este libro a mi madre porque de ella aprendí a hablar con las plantas. Además le quiero dar las gracias por empujar. Y no me refiero al parto, porque fue cesárea, sino por empujar todos los demás días de mi vida.

También le quiero dedicar este libro a Ronda, que es una perra. Y como buena perra que es, nunca lo podrá leer porque lo suyo es oler cosas y rascarse en sitios. Pero este libro es para ella, mi *especie* compañera.

Prólogo
por Atxu Amann y Lucía Gutiérrez

> «Contar historias con bichos históricamente situados está plagado de los riesgos y las alegrías de componer una cosmopolítica más vivible».
>
> Donna Haraway,
> *Seguir con el problema*

Atxu Amann. Se puede investigar de muchas maneras: en la biblioteca, cumpliendo un horario y un trámite; torturando animales en un laboratorio para descubrir una vacuna o una crema rejuvenecedora e, incluso, a pie de calle, analizando tendencias o contando coches en una esquina. Independientemente de que se disfrute investigando, de que se haga rápido o que se convierta en un plan de vida, de que tengas una beca o que implique madrugar y eliminar los fines de semana llegando incluso a provocar que te abandone el amor de tu vida, este tipo de actividad —simplificando en la dualidad— se puede hacer desde fuera o desde dentro. En el primer caso, como aconsejaba algún ilustre académico, el tema de la investigación debía limitarse al área de interés disciplinar de los investigadores y carecer de cualquier otro vínculo personal o subjetivo que pusiera en peligro el método científico. Por el contrario, en ocasiones la investigación se convierte en una tarea situada que nace desde el cuestionamiento de nuestra propia experiencia. A pesar de no mantener la distancia psicológica, esta aproximación al conocimiento requiere de un extrañamiento que permita ver cada suceso y cada objeto como si fuera la primera vez.

Lucía Gutiérrez. L de loncha, C de correa, T de tamagotchi... En este libro hay un diccionario muy particular que, siguiendo a Despret, parece querer reclamar una relectura de lo que nos rodea: *¿qué dirían los objetos si les hiciéramos las preguntas correctas?*

Como en la mesa de disección, el encuentro fortuito entre los distintos objetos que aparecen en el texto evidencia la existencia de una lógica compartida entre ellos.

AA. *Lonchas, correas y tamagotchis,* como su propio título parece anticipar, no es a priori una investigación científica: este trabajo está íntimamente ligado a su autora a través de relatos de su biografía. Desde ahí, como en las últimas décadas otras pensadoras hicieron, se ha formulado alguna de las preguntas necesarias para vivir en el presente de un modo nada complaciente porque, como dijo Stengers, no estamos para nada contentas.

LG. *Trouble,* dice Haraway, es una palabra que deriva de un verbo francés del siglo XIII que significa «suscitar», «agitar», «enturbiar», «perturbar».

AA. Gabriela Hens ha seleccionado con mucho cuidado tres objetos que, aunque ubicados en el pasado de su infancia y adolescencia, se revelan como dispositivos humanos de control sobre los cuerpos; mediante estrategias de manipulación afectiva, de abstracción y de parametrización de los cuidados, la correa, la loncha y el tamagotchi permiten descubrir una civilización de la que es difícil enorgullecernos: el dominio sobre lo no humano y la tortura animal se pone implícitamente en el centro de la investigación para mostrar la educación de los humanos en las primeras etapas de su vida a través de la romantización de los cuidados.

LG. Este texto produce una sacudida: *agita, suscita, enturbia, perturba.* Gabriela está comprometida con la tarea de *generar problemas* y consigue hacerlo de una manera híbrida entre el humor y la fuerza; como lectoras, nos lleva a estar al mismo tiempo en la risa y en el enfado. El extrañamiento permite ver las cosas como si fuera la primera vez y este libro implica también la imposibilidad de volverlas a ver igual. Ya nunca más un perro guía nos pasará desapercibido. Ninguna loncha dejará de recordarte que, estadísticamente, la forma más frecuente de relación de un humano con un animal es el hecho de matarlo.

AA. Ciertamente, la lectura de este trabajo no es cómoda y, a pesar de todo, te deja a la espera de otros objetos que se sumen a la colección y permitan ir destruyendo poco a poco un currículum oculto inscrito en nuestra cotidianidad.

Introducción

> «La palabra perspectiva carga con las pesadas asunciones de lo que significa entender otras mentes. [...] [La perspectiva] no es sólo otra forma de subjetividad; es la apoteosis de la subjetividad como esencia de la mente».
>
> Lorraine Daston

Este trabajo empieza con una inquietud tímida; con un chispazo de curiosidad en un momento determinado que resonó en mi cabeza como las ondas de agua en la superficie de una balsa al tirar una piedra: cuanto más tiempo pasaba desde el primer pensamiento, más se extendía su eco.

A menudo es difícil mirar cosas concretas y centrarse sólo en ellas. Es casi una cuestión de instinto depredador, estar pendiente de todo a la vez. También puede que sea simplemente un defecto mío por ser de la generación de los millennials. El mundo es muy grande y pasan muchas cosas.

Tuve la oportunidad de ver un proyecto desarrollarse al otro lado de la ventana del aula, en un parterre del jardín de la Facultad de Arquitectura. El parterre en cuestión, cubierto por una capa de latas aplastadas que habían sido utilizadas para moldear el terreno en forma de pequeñas dunas, pasó de ser una explanada cuadrada y pequeña que lucía olvidada e inerte a un vergel a disposición de alumnos y profesores para disfrutar del zumbido de las abejas, el chisporroteo de los pájaros más curiosos y el quebrado de las ramas agitadas con la brisa. El proyecto era una iniciativa llevada a cabo desde varios colectivos para defender la importancia de los polinizadores y demostrar el impacto positivo de la vegetación local, silvestre y estacional en su entorno, especialmente en las ciudades, y abría sus brazos a todos los que quisieran participar. Durante semanas los vi trabajar el terreno para la siembra y preparar el sistema de riego que abastecería este pequeño cuadrante. Me pareció que se lo pasaban bien y, tentada, me sumé en alguna ocasión a escuchar. Yo empezaba a interesarme por la situación de emergencia climática y, en concreto, el reto que plantea la polinización en las grandes urbes, por lo que me apunté al grupo de trabajo para aprender. Y aprendí. Aprendí que vivo en un espacio que funcionaba casi de manera opuesta a este parterre. Aprendí que vivo en una ciudad de ladrillo y asfalto, que crece y crece y, con su crecimiento, expulsa y elimina todo lo demás.

Me centré en el estudio de la situación de las abejas lo cual me invitó a unirme a ellas sobrevolando las calles con ojos de abeja. Y empecé a ver distinto. No sólo veía flores o colores, también empecé a percibir sus danzas, valorar el papel del agua, de la piedra. Entendí la importancia del descanso cuando vuelas y que todas las estaciones del año son relevantes. A raíz de una realidad, empecé a vislumbrar otras, estrechamente relacionadas. Me di cuenta de que los cuidados que nos proporcionamos entre las personas se pueden trasladar a nuestra relación con todo lo que es más-que-humano. Yo quería que la abeja pudiese cruzar la ciudad con todos los descansos y paradas necesarias. Y empecé a ver a las palomas de otra manera. Pasé de verlas como una especie indeseable a una especie admirable por su capacidad de resistencia y supervivencia en un entorno tan hostil. Como las cucarachas. Como las ratas. Esto me hacía pensar también en las mal denominadas malas hierbas, esas especies vegetales que crecen sin el consentimiento ni la intervención del ser humano y sobreviven en condiciones difíciles. Y así se transformó mi estudio de las abejas en un estudio sobre lo más-que-humano.

El mirlo excavando la tierra para encontrar gusanos. Gusanos que hacen compost. Compost que alimenta las plantas. Plantas que transforman el aire. El aire que yo respiro.

No es de extrañar que después de iniciar este camino con pasitos pequeños y muchas dudas, me hallase fascinada por los descubrimientos que estaba haciendo. A través de una historia, pude vincular otras, y una realidad que siempre me había rodeado y permanecía dormida ahora me susurraba continuamente en la oreja instándome a no parar de mirar.

Y desarrollé una obsesión especial con *la mirada*, entendida como un artilugio crítico: es una herramienta capaz de reinterpretar lo que entendemos como realidad de múltiples maneras, como si se tratase del conocido cuadro de la escalera de Escher, curiosamente titulado *Relatividad* (1953). Por un lado, nos presenta una estructura familiar y comprensible que sustenta un mundo pesado, pero, por otro, cuanto más te fijas en ella más extraña, ligera, y transformable parece. Poco a poco mi mirada empezaba a cambiar, la escalera se daba la vuelta y todo lo que componía el tejido de lo real empezaba a invitarme al extrañamiento. Empezaba mis días con los ojos abiertos y sin ninguna respuesta. Extrañamiento de las calles, de las plazas, de las conversaciones y de mis propias costumbres.

Y fue ahí que los objetos del día a día me empezaron a transmitir ideas. Podía sentir el material de la correa que le pongo a mi perra en mi propio cuello, oía las raíces de mis plantas en el salón amontonarse contra el plástico de la maceta. El olor a asfalto empieza con la ausencia de olor a campo.

Naturaleza, salvaje, silvestre... Cuando utilizamos el término *animales*, no formamos parte del imaginario y, en todo caso, para establecer un vínculo especificamos *animales humanos*. El hecho de que citemos otros seres del mundo con términos que los agrupan pero que nos proporcionan un espacio de distanciamiento de ellos es la razón por la que construimos ciudades eliminando lo que había para asentarnos. Nuestras palabras son nuestra cultura, la cultura de la colonización, de la industrialización y de la capitalización del mundo en el que todo se convierte en un recurso explotable y cuantificable o, si no, prescindible.

Me sumergí en mi entorno cercano y absolutamente todo lo que me rodeaba, y en especial utensilios y objetos, podía ser leído desde el juego de poder en el que está inscrito. Son objetos porque podemos percibirlos de manera sensorial, pero, al profundizar en ellos, tienen una historia y un origen que los relaciona con un contexto; tienen unos usos que posibilitan y refuerzan unas jerarquías. No sólo cumplen una función, sino que son el eco de unas creencias y una cultura. Son dispositivos.

Existe una relación muy curiosa que nos da más pistas del significado de un objeto. Objetar, como verbo, significa contraponerse u oponerse a algo. Como un muro o una pared, objetar es levantar un contraargumento a modo de resistencia. Y, por ende, a la hora de referirnos a los objetos, queda implícito que son reales e inertes, un cuerpo que se opone. Que es sólido y que está quieto. Sus formas estáticas representan unos valores que no se transforman porque el objeto no cambia. Estos objetos guardan una relación estrecha con nuestra construcción del reino animal, vegetal, del agua, del sol, de nuestro papel y de nuestra responsabilidad con el entorno, el medio ambiente.

Cada objeto dentro del salón desde el que escribo estas líneas forma parte del desarrollo de relatos que lo rodean. Al igual que en la escena de un crimen, o como en la vitrina de un museo arqueológico que expone artefactos recuperados entre rocas y partículas consolidadas de arena, al lado de cada instrumento podría escribir unas palabras extraídas de un estudio calculado, minucioso y altamente especulativo para captar de la manera más precisa la importancia que a mi parecer tienen estos utensilios para formar parte de esta habitación, este paisaje o este mundo. Nuestros objetos cuentan nuestras historias.

Estos objetos tienen una manera de usarse, unos contextos que les dan sentido y una cultura e historia que los valida. Son conglomerados de sucesos, esfuerzos y sueños. Son miradas.

A continuación, a través de tres objetos introducidos por tres historias, propongo un acercamiento a nuestra manera de hacer cultura, a nuestra manera de hacer ciudad, a nuestra manera de hacer sociedad. Y de cómo podemos transformar nuestra manera de mirar.

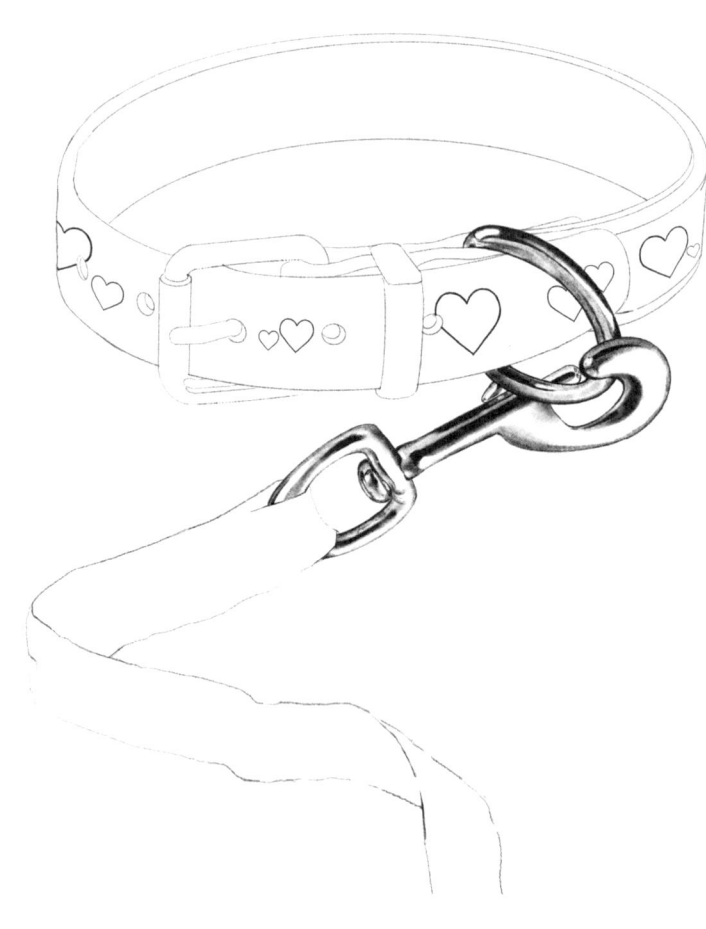

La correa

La dominación
como lenguaje afectivo

[1] Xena y yo en 2007.

¿POR QUÉ ESTÁN GORDOS LOS PERROS GUÍA?

Mi madre siempre cuenta que un día, paseando conmigo cuando yo tenía cinco años, me solté de su mano y fui corriendo con los brazos abiertos hacia un mastín y sin dudarlo me colgué de su cuello. Ella recuerda cómo la dueña se quedó congelada viendo a una niña tan pequeña abalanzarse de esa manera sobre un animal que la doblaba en tamaño. Miró a mi madre y tan sólo dijo «qué valiente».

Siempre he tenido una necesidad insoportable de saludar a los animales con los que me cruzo [Fig. 1]. Menos los que sueltan piropos. Sintonizo mejor con los cuadrúpedos. Pero si se trata de un perro, les dedico todas las miradas, gemidos y contoneos necesarios para que me hagan caso. Con los gatos nunca me funciona y falta intentarlo con las palomas. Desgraciadamente, no hay muchos más tipos de animales que paseen por las calles de Madrid. Por esto, encuentro particularmente difícil respetar el espacio de los perros guía en el día a día de la ciudad. Se sabe que, a estos tipos de perro, que son el mismo tipo que muchos otros con la diferencia de que «están trabajando», no los puedes saludar. Puedes encontrártelos en cualquier lado y claro que me han explicado que la labor que desempeñan es muy importante, al menos para personas con visibilidad reducida. Siempre tan tranquilos, pero con cara triste. Y gordos.

Entonces, por supuesto que me contengo. Pero lo que no me había explicado nadie es por qué siempre son perros gordos y, sorprendentemente, basta con una indagación rápida sobre sus cualidades y la vida que llevan para averiguar que la respuesta es muy sencilla: son entrenados desde cachorros para no correr. Para controlar el impulso de correr.

Esto, para cualquier persona que haya convivido con un perro, resultaría agresivo y muy difícil. El juego, y en general correr, forma parte muy importante de su desarrollo como animal, tanto como ladrar o alimentarse. Pero, en el caso de los perros guía ellos se convierten en los ojos de otra persona. En parte del cuerpo de otra persona. Son muy queridos y cuidados desde el principio y adiestrados para aprenderse el recorrido diario de otra persona, prever obstáculos para esa otra persona, vivir la vida de esa otra persona. La vida en ciudades muy urbanizadas es un compendio de estructuras y arquitecturas que las convierten en una suerte de territorio de combate, por lo que no es de extrañar que, con el fuerte vínculo existente entre ser humano y perro, el adiestramiento de los últimos

haya posibilitado la adaptación de personas con ciertos tipos de diversidad funcional y condiciones que de
cualquier otro modo no podrían convivir en entornos
urbanos. El fin justifica los medios.

¿No?

DEL AMOR A LA DOMINACIÓN

**«Los lugares familiares son el comienzo del
aprecio por las interacciones multiespecies».**
Anna Tsing

El primer dispositivo es la correa: la correa para pasear a los perros, las riendas de un caballo y el gri-
llete de la pata de las cotorras argentinas. Todos los
objetos utilizados para instrumentalizar y controlar
especies constituyen algún modo de correa en tanto
que, mediante un vínculo material tangible, se esta-
blece también un vínculo intangible del que rebosan
arquitecturas encubiertas, normativas y construcciones culturales.

Del amor a la dominación hay un paso llamado
domesticación. Para Anna Tsing estos tres concep-
tos están profundamente enmarañados, cuestión que
expone en un texto llamado *Márgenes rebeldes* que le

dedica a Donna Haraway en respuesta al *Manifiesto de especies compañeras.* Las especies compañeras son el alegato con el que Haraway nos propone aceptar que hay que —como ella dice— *bajar al barro* y aceptar que ser uno es *devenir-con* muchos.

Tsing responde a sus declaraciones con un repaso del vínculo constante entre el ser humano y el cultivo del cereal y cómo esta relación ha ido accidentalmente ligada a otro compañero: el hongo. Este triángulo amoroso funciona a través del expansionismo arraigado en la agricultura, una historia de domesticación y dominación que vincula la recolección de cereal originario de los primeros asentamientos, donde no había que cultivarlo porque se daba de manera natural, con el desarrollo de la agricultura intensiva de monocultivos en el hemisferio opuesto hace tan sólo un par de siglos. Como nos insiste Tsing, la interdependencia de las especies es un hecho bien conocido excepto cuando se trata de los humanos. El excepcionalismo humano, que justifica el desprecio por lo no-humano y fundamenta la idea de que la Tierra y los seres que la habitan son recursos para explotar o bienes para preservar, nos ciega. Incidiendo especialmente en la interdependencia de las especies completamente afectada por el impacto humano en los territorios, Tsing relaciona los relatos que nutren los estudios científicos con las historias sobre el dominio humano heredadas, paradójicamente, de las grandes religiones para cuestionar si realmente existe un control de la naturaleza. Esta herencia termina por moldear una limitada autoconciencia del ser humano como autónomo y autosustentable y, por lo tanto, constante a través de la historia y la cultura. La naturaleza humana —reivindica y reivindico— es una relación interespecies.

La domesticación se entiende habitualmente como el control humano sobre otras especies. Haraway insiste en la falta de reconocimiento sobre el cambio que estas relaciones pueden producir por igual en los humanos. A través de estas fantasías —que guardan relación con las historias heredadas que critica Tsing—, los animales domesticados son condenados a la prisión de por vida y a la estandarización genética, mientras que las especies silvestres son *preservadas* en bancos de genes mientras se destruyen sus paisajes multiespecies.

Sin embargo, a pesar de estos esfuerzos extremos, la mayor parte de las especies de ambos lados de la línea —incluidos los humanos— viven en complejas relaciones de dependencia e interdependencia. Las líneas

[2] Figuras extraídas de los murales de los Shuwaymis.

trazadas por estas dos autoras dibujan un paisaje nítido sobre el que ir sumando pinceladas contextuales.

En relación con lo que la correa implica, esta es decisivamente un instrumento de domesticación y su origen está vinculado a las raíces de esta práctica; las primeras evidencias de ello son los paneles de arte rupestre investigados en dos sitios: en Shuwaymis y en Jubbah, que representan estrategias de caza asistidas por perros de hace ocho mil años, antes del Neolítico y de la difusión del pastoralismo [Fig. 2].

EL ESTADO EMPIEZA EN EL HOGAR

Por otro lado, la domesticación y la domesticidad comparten origen en lo que a su raíz *domus* se refiere. El cereal, al igual que los animales y las mujeres, ha ido vinculado a los ideales de domesticación y fertilidad, con el desarrollo de las jerarquías, el poder Estado y el capitalismo.

En el ensayo de Tsing, ella desmenuza la idea de hogar a lo largo de la historia, ya que la familia ha sido una pieza clave para la formación y mantenimiento de las primeras formas de Estado hace cinco mil quinientos años; el páter familias era el representante del

Estado a nivel de la familia trabajadora y era él quien garantizaba que los impuestos y diezmos se extrajeran de la cosecha para la subsistencia de las élites.

Del siglo XV en adelante este mismo vínculo entre familia, Estado y cereal ha posibilitado la hegemonía de los primeros colonizadores a través de las plantaciones, jerarquías que marcaron la evolución de nuestras culturas y de las que siguen quedando reminiscencias a día de hoy. Efectivamente, comprobamos que la domesticación, el amor y la dominación se encuentran estrechamente vinculadas. El amor que obedecía a los mismos límites del hogar, un fetiche repetitivo que Tsing destaca en esas primeras familias, que luego se repite en la cultura de masas estadounidense de mediados del siglo XX debido a su asunción de liderazgo y que se reproduce todavía hoy:

> **«El amor no se espera fuera de los muros de la familia. Dentro de la familia se pueden aceptar otras especies: las mascotas son modelos de devoción familiar. Pero el modelo de la mascota cariñosa y amada no difunde el amor, sino que lo mantiene firme dentro de la familia».**

En las ciudades actuales, es interesante aplicar el concepto de «Márgenes rebeldes» propuesto por Tsing. Debido al desarrollo complejo de los entornos urbanos, que forman un compendio de interdependencias marcadas por las normativas, el capital y el flujo de circulación, estos límites del hogar ya no acaban en la puerta de las casas, sino que se extienden a los portales y las calles de los barrios. Todo el tejido representa el poder del Estado y del capital y los márgenes ya no residen en los límites de la familia, sino en los límites de la ciudad. En sus propias palabras: «Allí donde el poder del Estado se atenúa, siguen floreciendo paisajes de mayor biodiversidad y mayor diversidad social».

Las ciudades, por otro lado, cada vez más sucumben al cruzamiento de muchos intereses individuales, dan cabida a numerosos escenarios de conflicto y son fundamentales para la solidificación de la capacidad de convivencia e incluso sacrificio. Hoy, vivir en una ciudad implica entender el entorno compartido y respetarlo, ya que su uso va vinculado a unas normas y construcciones sociales. La concepción de espacio público no implica de ninguna manera que constituya un espacio libre.

EL ESPECISMO ES LA NORMA

Entonces, rescatando una reflexión de Donna Haraway: ¿cómo clasificamos las cosas? La obligatoriedad del uso de la correa en el contexto de la ciudad tiene un sentido: transmitir seguridad. Las ciudades, como espacio principalmente pensado para la convivencia entre seres humanos, se fundamentan en unas normas y unos límites preestablecidos para garantizar el control y eficacia de las mismas. De la misma manera que la accesibilidad va de la mano de la productividad, una circulación eficaz garantiza el máximo rendimiento de estos espacios. En este contexto, la correa cobra también un valor como arquitectura, puesto que el uso de la misma ha facilitado que nos acostumbremos a la presencia específica de ciertos tipos de animales y convivencia con los mismos. La correa es la arquitectura necesaria para permitir que convivamos con perros; un perro sin correa en el medio de una calle provocará una reacción por parte de los usuarios de la ciudad, que darán el aviso para que los servicios técnicos especializados se hagan cargo. Si el mismo perro va atado, su presencia no resulta un impedimento. En algunas ciudades se reservan unas pocas zonas muy específicas para perros sin correa.

Entre ellas se encuentran, por ejemplo, los *pipican*. El tipo de correa también puede producir unas reacciones u otras; no es lo mismo pasear un perro con correa de tela de colores y cascabeles sonando que un perro sujeto con una correa metálica rematando en un collarín con pinchos, tanto si es para reprimir al animal atado o, por el contrario, para protegerlo de ataques de otros animales. El fin es asegurarse de que la libertad del perro esté sujeta a libre albedrío del humano que lo pasea [Fig. 3].

Cabe destacar que, con la aplicación de las normativas, también se han ido consolidando un conjunto de excepciones que se aplican a animales de razas específicas cumpliendo una función determinada. Catia Faria es muy determinante con esto en su ensayo titulado *Muerte entre las flores*, donde afirma y demuestra que «incurrimos diariamente en una forma de discriminación llamada *especismo*».

A día de hoy, una persona con visibilidad reducida tiene derecho a acceder acompañada de su perro guía a cualquier espacio público, por ley. Esto se debe a que los perros guía son adiestrados para poder acompañar y sortear obstáculos en la ciudad, posibilitando incluso el uso de transporte público. La correa del perro guía guarda similitudes con las riendas de un caballo porque no sólo cumple su función de dominación, sino que también distingue de derecha e izquierda para favorecer el intercambio de información entre perro y humano. Estas correas no sólo establecen la dominación común a cualquier tipo de atadura, como pueden ser unos grilletes, un bozal o los arneses de bondage... cumplen además una función educadora. A través de las riendas, el manejo del animal está vinculado a la toma de decisiones del jinete o amazona y, de la misma manera, el arnés de perro guía dispone de la firmeza, longitud y tamaño necesarios para que una persona invidente pueda reducir las tomas de decisiones necesarias al moverse por los espacios.

En el controvertido caso del perro guía se confunden fácilmente los derechos del animal a convivir entre seres humanos, siendo incluido como un ser en su pleno derecho de compartir los mismos espacios y tener así una vida más digna con los derechos de la persona invidente, que son los que posibilitan las excepciones para el perro guía. ¿Son acaso compatibles? ¿Es esto un modo de acercamiento a la convivencia entre especies compañeras que defiende Donna Haraway?

Llegados a este punto, cabe preguntarse a qué orden están sujetos estos animales, qué esconde y qué

**[3] Un domingo cualquiera, paseando por el mercado
de el Rastro, en Madrid, España.**

políticas activa el uso de estos arneses. Los movimientos de defensa de los derechos de los animales no son negaciones irracionales de la unicidad humana, sino un reconocimiento claro de la conexión a través de la desacreditada ruptura entre la naturaleza y la cultura.

Podemos examinar esta situación a través de *Zoopolis*, un escrito donde Donaldson y Kymlicka proponen una aproximación nueva y claramente política a los derechos de los animales, partiendo de un análisis exhaustivo de las distinciones de derechos que se aplican a los ciudadanos en comparación con los no ciudadanos de un territorio y cómo las leyes se aplican respetando unos derechos universales. De la misma manera, reivindican la necesidad de una transformación de las estructuras legales actuales para otorgarles diferentes grados de ciudadanía a los animales.

Para contextualizar, parten de la comparación de la historia de la humanidad, más concretamente de los conflictos raciales y discriminatorios que hemos combatido como sociedad en el pasado para destacar el cambio de paradigma necesario que posibilitó valerse de las estructuras legales para reforzar la integración: la única respuesta legítima a día de hoy es reemplazar las jerarquías relacionales antiguas por nuevos modos de cociudadanía en comunidades de convivencia.

Aunque algunos dogmáticos de la biología y la zoología contraponen que para poseer algún grado de ciudadanía o derechos universales es necesario mostrar signos de racionalidad, autonomía o raciocinio, este argumento resulta insuficiente puesto que no todos los seres humanos son poseedores de estas capacidades, lo que, como nos insiste Faria, no los priva de estar en posesión de sus derechos al completo.

Evidentemente la mención del origen de la Declaración Universal de los Derechos Humanos, el abolicionismo de la esclavitud y el derecho al voto femenino facilitan en su argumentación el principio de empatización mínimo para extrapolar la lucha social y trasladarla al conflicto humano-silvestre. A partir de esta realidad, cuestionan e introducen la necesidad de aplicar los mismos procesos a los derechos de los animales.

Cabe destacar que la propuesta de *Zoopolis* es desarrollar tres grados de regulación de los derechos de los animales, todos entendidos desde el nivel de convivencia y/o dependencia que tienen con la civilización. De este modo, la regulación de la situación legal de las ardillas será diferente de la aplicable a los jabalíes o las ratas. El primer grado son los que llamaríamos *ciudadanos domésticos*, el segundo *soberanías salvajes* y el último *animales liminales no-dadanos*, que proviene de la traducción del término en inglés *denizens*, que forman un juego de palabras de *to deny* (negar); y *citizen* (ciudadano). De alguna manera, esta propuesta hace uso peligroso de una forma de especismo *benévolo* que depende del conocimiento que poseamos de las diferentes especies, adoptando una visión plenamente antropocéntrica del vínculo. Esto no implica que la iniciativa sea del todo descartable, pero sirve de ayuda para entender cómo las diferentes propuestas dentro del ecologismo y el animalismo pueden llegar a ser opuestas en ocasiones. Para poner en valor el conflicto, es de utilidad hablar del trabajo de Paulo Tavarés.

En un ensayo que escribió titulado *Derechos no-humanos*, elabora un análisis de desastres medioambientales que promovieron reformas de las constituciones de Ecuador y Bolivia e incluso normativas de Estados Unidos. El Golfo de México es uno de los corredores migratorios más importantes del mundo como lugar de alimentación de muchas especies de peces, aves marinas y mamíferos marinos. El vertido de crudo procedente del enorme yacimiento de petróleo conocido como Macondo y gestionado por British Petroleum fue uno de los desastres petroleros en alta mar más grandes de la historia y el más grave jamás registrado dentro de la jurisdicción marítima de los Estados Unidos.

Este acontecimiento desafió no sólo el conocimiento y las tecnologías disponibles para la reparación ambiental, sino también los medios de representación que retratan las catástrofes sociológicas cultural y políticamente significativas. La respuesta a esta hecatombe llegó en la forma de una demanda presentada en la Corte constitucional del Ecuador. Firmado por las principales organizaciones indígenas de Ecuador junto con una coalición internacional de ONG y activistas, el preámbulo de la demanda planteaba la disputa en defensa de los derechos del mar comprendiéndolo como parte natural integral de la naturaleza a la que la Constitución ecuatoriana de 2008 reconoce como un sujeto de derechos y a la que reconocen como dadora de vida: la Pachamama. El concepto fundamental que sostiene el texto de Paulo Tavarés no está relacionado tanto con la cuestión de si las disposiciones legales existentes pueden garantizar una protección adecuada a los ecosistemas, sino con el concepto mismo de naturaleza inscrito en la ley.

[4] Husky en el Metro de Nueva York
contenido **en una bolsa de IKEA.**

Volviendo a Haraway, insisto: ¿cómo clasificamos las cosas? El punto en el que convergen la propuesta de Tavarés y *Zoopolis* es en la importancia de una protección legal y una regulación que defienda los derechos de lo más-que-humano. Pero parten de disposiciones muy distintas, porque mientras que la lucha por los derechos de los animales de Donaldson y Kymlicka se apoya en los mecanismos de la ciudadanía para resolver conflictos, Tavarés defiende que, a través de la ley, que demuestra ser profundamente animista, se pueden crear nuevas construcciones legales que funcionen de manera exclusiva para el entorno natural.

Como ejemplo curioso de nuestra convivencia (y supervivencia) a estas normativas, podemos encontrar la originalidad con la que los neoyorquinos se adaptaron a las restricciones implementadas por la MTA (Metro Transit Authority) en el 2016. Prohibieron la presencia de animales excluyendo aquellos que se encontrasen «contenidos y transportados de manera que no molesten a otros pasajeros» [Fig. 4]. En estas propuestas, es fácil entender cómo el dualismo naturaleza/cultura sigue muy presente en todos los conflictos con el entorno. Es obvio que comparar estos dos trabajos no busca contraponerlos

41

como si fuesen incompatibles, porque en realidad median conflictos en los que hay diferentes protagonistas. Pero visibilizan de manera distinta cómo nos situamos.

Esto, en el caso de las ciudades, se comprueba claramente con los perros-guía. Son animales con acceso permitido a establecimientos y espacios públicos, adiestrados para la convivencia en la ciudad. Naturalmente su caso forma parte de una infraestructura mucho más amplia, que empieza en la correa del perro, y se extiende hasta la fundación que se encarga de la gestión interna de ejemplares. Como exponen Donaldson y Kymlicka, muchos expertos de los derechos animales ya tildan de explotación cualquier forma de labor animal, puesto que requiere el uso de animales como herramientas, no como sujetos. Al igual que otros perros de asistencia, estos perros llevan una vida supeditada al interés humano: los especímenes válidos son identificados de cachorros y son intensamente entrenados para cumplir su futuro rol. Muchos de los animales *de servicio* no tienen acceso a tiempo de juego en el que puedan correr con libertad y socializar con otros animales o, simplemente, explorar el mundo. Su capacidad de agencia es totalmente suprimida en beneficio de los seres humanos.

PERROS GORDOS Y SIN INSTINTOS

El entrenamiento de los perros guía comienza mucho antes, en el proceso de selección del perro. En la mayor parte de ocasiones proceden de criaderos donde se controla la fecundación de hembras seleccionadas por machos también seleccionados. Una de las razas más empleadas es el labrador *retriever* debido a su carácter sociable y versatilidad, lo cual lo hace ideal para desempeñar este trabajo. También se seleccionan otras razas, pero en menor medida, como el *golden retriever*, el pastor alemán, el *flat coated retriever* y el caniche *gigante*. A través de la página web de páginas dedicadas a este fin (Fundación ONCE del Perro Guía, AEPA y Bocalán) se puede resumir el adiestramiento en tres fases:

La primera fase se denomina *fase de socialización* y tiene lugar con familias de acogida. Un cachorro de aproximadamente dos meses es entregado a una familia que decide acogerlo hasta que cumple un año de edad. Durante este período, esta familia se compromete a sociabilizar al perro lo máximo posible, habituándolo a todo tipo de estímulos y enseñándole a comportarse en cualquier entorno. Para ello, el perro recibe un peto con el distintivo de «futuro perro guía». Ya en este punto, y gracias al arnés distintivo, pueden entrar en cualquier establecimiento o espacio público. También se le enseña a caminar por el lado izquierdo, adelantado y con la correa relajada. Entre los requisitos que se exigen para solicitar ser familia de acogida destaca no dejar al cachorro solo más de dos horas al día. Esto implica que, durante su primer año de vida, ha estado en un entorno seguro y acompañado, lo que suma estrés y trauma a la segunda fase.

A los doce meses, el cachorro ya puede comenzar su adiestramiento, motivo por el cual vuelve de nuevo a la Fundación, en donde pasará a pernoctar en una perrera.

La segunda fase es la de *adiestramiento específico* y tiene lugar en las instalaciones del centro o fundación responsable. En un informe realizado por Carmen Moraga en el 2015 para Eldiario.es, muchos profesionales confirmaban que el regreso del cachorro a la fundación o centro al cumplir el año es uno de los momentos más traumáticos, tanto para los miembros de la familia que lo ha cuidado esos meses como para el propio animal que, de repente, pasa a vivir en un entorno para él desconocido y con nuevas costumbres. Se le asigna un educador que le enseñará lo necesario para poder guiar a una persona con discapacidad visual, partiendo de la obediencia básica que se ha adquirido con la familia de acogida y poco a poco se va introduciendo el adiestramiento específico: caminar en línea recta, y señalar bordillos y obstáculos, haciendo más responsable al perro y exponiéndolo a situaciones cada vez más complejas que este ha de resolver. Hacia el final de esta etapa el adiestrador simula las condiciones de una persona ciega, por ejemplo, utilizando un antifaz para así comprobar las habilidades del perro como guía y verificar si está listo para empezar a trabajar con el usuario final. Si durante ese tiempo alguno de esos animales no es considerado válido, se dará en adopción. En la web de la Fundación se reconoce que «la formación de un instructor de movilidad con perro guía es compleja». Y también se explica que el trabajo de un perro guía es una de las labores más complicadas que se le puede pedir a un animal. «De manera natural, los perros tienen una serie de instintos, como el de caza, guarda y protección. Un buen perro guía debe tener estos instintos minimizados para realizar bien su labor». En esta fase, esto implica que, si el perro después del primer año persigue un pájaro jugando, será descartado por tener instinto cazador, impulso autómata desaconsejable para realizar la labor de guiar a una persona con discapacidad visual en la ciudad.

La última fase tiene lugar con su usuario final. Se denomina la *fase de acoplamiento* en la que se busca al candidato ideal para el perro ya que no todos los perros valen para todas las personas. La persona a la que se le adjudica el perro tiene que pasar aproximadamente tres semanas en las instalaciones en las que cuenta con alojamiento para ella. El usuario va aprendiendo a cuidar y a manejar al perro guía aprendiendo las nociones básicas. En este periodo de acoplamiento el usuario vuelve a su domicilio con el perro, pero el entrenamiento aún no finaliza. El adiestrador realiza una serie de seguimientos y comprobaciones en su domicilio y en su entorno para asegurarse de que el acoplamiento se ha realizado adecuadamente y resolver posibles dificultades que puedan surgir.

Para hacer que todo este proceso sea posible y asegurar un control máximo de la producción de perros guía, además de lo expuesto sobre la escuela de adiestramiento, es crucial la selección de cachorros. En la mayor parte de los casos son crías de madres y padres de razas específicas con características genéticas idóneas para obtener camadas similares controladas mediante el aislamiento. De este modo, la infraestructura hará posible rentabilizar las escuelas de adiestramiento llevando a cabo un análisis exhaustivo de ejemplares que, una vez han nacido, se examinarán y pondrán a prueba para detectar anomalías indeseadas y retirar esos ejemplares del adiestramiento. Cuando los cachorros son descartados, en la mayor parte de los casos se dan en adopción.

El marco legal y arquitectónico que rodea al perro guía es un claro ejemplo de lo que Latour bautizó como *la gran división*: lo que cuenta como *naturaleza* y lo que cuenta como *sociedad*, como humano y como no-humano, y, por encima de todo, el lugar que ocupa en las jerarquías de poder. De los múltiples tipos de correa para las múltiples especies con las que convivimos, al igual que las normativas que van supeditadas a las mismas, todas ellas tienen algo en común: una parte de la correa rodea su cuerpo y la otra la controla el ser humano.

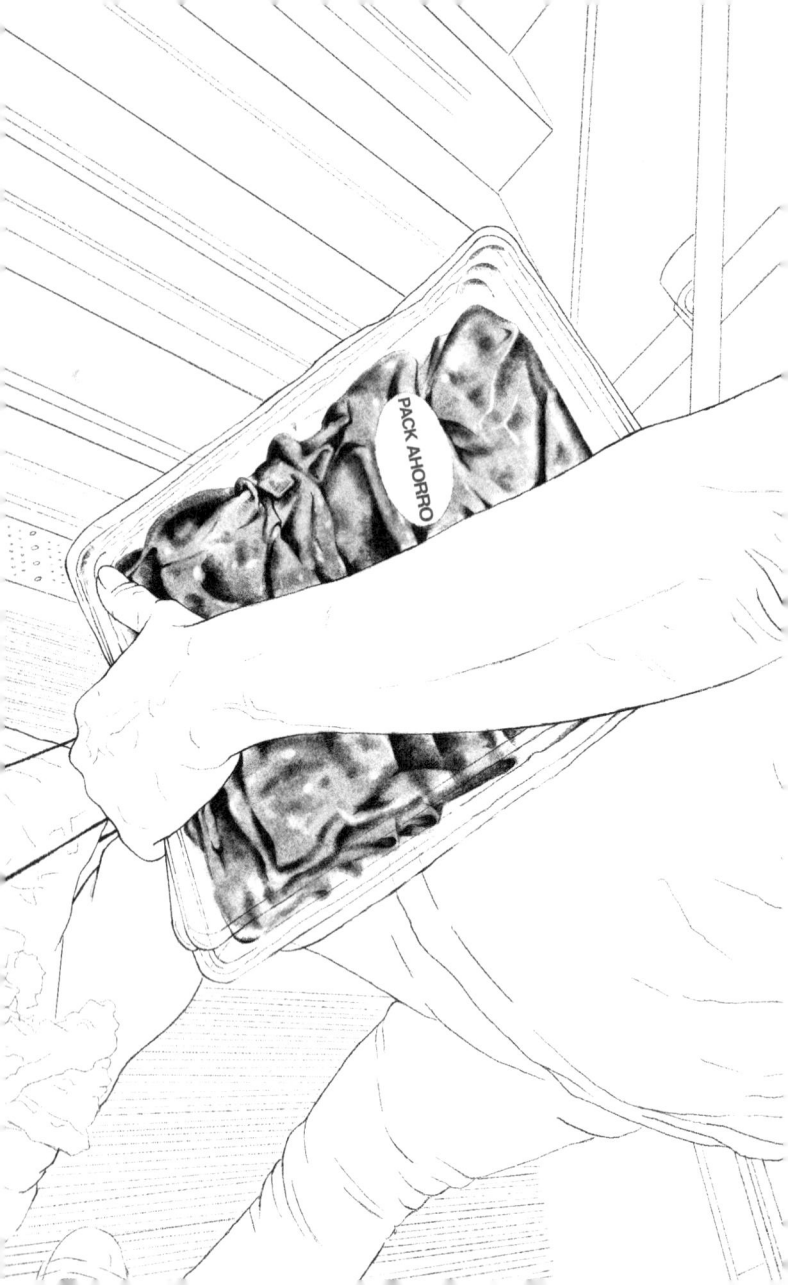

La loncha

La abstracción
como estrategia de sedación

¿QUÉ CULPA TIENEN LOS PAVOS?

El otro día mi madre y yo fuimos por la mañana a recoger un pavo del mercado que hay debajo de mi casa para la cena de Acción de Gracias. Había un par de personas siendo atendidas cuando llegamos, así que nos quedamos delante del mostrador esperando. Normalmente cuando vengo a estos sitios, las vitrinas y los expositores forman parte de una mancha visual general. No suelo prestar mucha atención a los puestos porque vengo rápido y me voy. Esta vez fue diferente. Esta vez ya había leído a Anna Tsing. Esta vez yo ya hablaba con mis plantas al regarlas. Esta vez miré a los ojos a las truchas de la pescadería. Y esta vez reparé en la gran cantidad de pavos que tenían en exposición. Eran tantos que se entrelazaban las patas de unos con las alas de otros y, como el cuello es largo, los dependientes se lo doblaban para que cupiesen mejor al almacenarlos. Tenían un tamaño y aspecto más o menos parecidos. Mi madre me comentaba que ella siempre los compraba más pequeños que esos —si no, no cabían en el horno—, pero que no veía ninguno de ese tamaño. Higinio, el dueño, nos explicó con condescendencia que esos sólo los tienen en Navidad —señora—,

50

porque las granjas matan todo lo que tienen y lo envían para venta: pavos adultos al igual que crías de pavo. Esta explicación resonó en mi cabeza todo el día haciendo que las celebraciones navideñas que se acercaban se tornasen más bien un acecho irremediable. Mi tostada del desayuno a menudo es la misma. Y casi siempre tiene un chorro de aceite y una loncha de pavo. Esa loncha proviene de alguna fábrica en la que los pavos, seguramente distribuidos de la misma manera que en la pollería de Higinio, esperan ser metidos en una procesadora que los desmenuce, triture y prense para, acto seguido, ser envasados en un paquete con un diseño atractivo que aclare la pureza y composición del producto. Esa loncha cuadrada, una reducción de toda una vida, resumida en una forma geométrica simple, haciendo honor al suprematismo de Malevich en su *Cuadrado negro sobre blanco* —curiosamente también conocido como *Dos negros peleando en una cueva*—. La síntesis más reducida posible, carente de todo lo superfluo. Y a la vez, un amasijo de historias de ganadería intensiva, de Mirenat (gama de productos destinados a la conservación de alimentos), de agua y especias contenido en una forma plana y aséptica. No es lo mismo leer la palabra *pavo* en un paquete de plás-

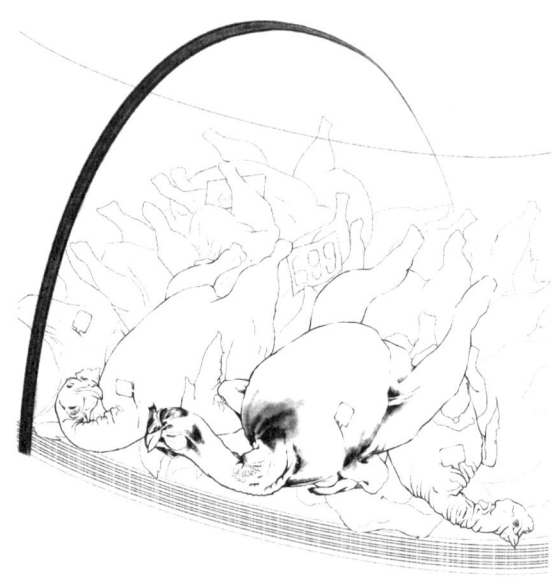

[1] Vitrina de la pollería en vísperas de Acción de Gracias.

tico que ver el pavo auténtico apretujado contra un cristal. La loncha representaba un momento breve de toda su vida; todo lo que había pasado antes quedaba reducido y descontextualizado; y lo que pasaba después desaparecería en el momento en el que el envase llegase a un cubo de basura. Yo tan sólo formaba parte del momento de la loncha.

Como en tantas otras cosas [Fig. 1].

13 LONCHAS CUADRADAS DE 12 X 12 CM DE JAMÓN COCIDO EXTRA BAJO EN GRASA SIN GLUTEN SIN LACTOSA ENVASE 225 G A 12.22 €/KG

**«Yo y mi sombra, ángulo recto.
Yo y mi sombra, libro abierto».**
Manuel Altolaguirre

En un mundo que luce sintetizado por teorías y conocimiento de las cosas, las cuales son clasificadas por aspecto o cualidades y definidas por parámetros estipulados, resulta complejo hablar de otras maneras de mirar, de otras verdades. En el lado opuesto a ese pensamiento se sitúa la ontología orientada a los objetos (en adelante OOO), corriente filosófica impulsada por Graham Harman que forma parte del realismo especulativo, que contempla que, dentro de este mundo, todo aquello que *es*, es un objeto. Y todo objeto se sustrae a sus relaciones —que también son objetos—. En la OOO esto quiere decir que, por un lado, nunca podemos conocer las cosas en sí (ni siquiera a nosotros mismos) y, por otro, que todas las demás cosas en el mundo tampoco se pueden conocer entre sí. Dadas estas afirmaciones cabe preguntarse, entonces, ¿cómo es posible la relación de identidad entre un objeto y sus partes, si las partes se sustraen a la relación con el *todo* que conforman?; ¿dónde tienen lugar las relaciones si cada objeto ocupa un espacio autónomo e inviolable?; ¿cómo es posible, entonces, demarcar los límites de un objeto? La respuesta que da Harman a estas preguntas se resuelve con el concepto de *tensión*. La tensión entre un objeto y sus relaciones, por un lado, y, por otro, la tensión entre objeto y sus partes de las que se deduce un vínculo sensual (de ahora en adelante, y para complicar las cosas, *notas*) y un vínculo causal. Para que haya cualquier relación entre dos objetos va a ser necesario que esos objetos posean un representante (objeto sensual) y que haya de fondo un medio comunicante.

«El interior de un objeto, su núcleo fundido, constituye la única materia de estudio para la filosofía; es más, viene a ser el único objeto de vida en su conjunto».

Graham Harman,
Guerrilla Metaphysics

Es decir: lo que identificamos como loncha de pavo no es otra cosa que el representante de lo que la loncha *es*. El objeto real —que se identificará con la única *nota* de ser tal cual es—, estará siempre ausente junto con todas sus partes, cuyas notas exceden su relación con el objeto del que forman parte. Las notas esenciales del objeto sensual serán una función del excedente de las notas de las partes del objeto real. Entendiendo que, cuando cojo una loncha para hacerme un sándwich, ni la mano con la que la sujeto, ni la loncha en sí, ni el pan de molde pendiente de ser preparado son objetos reales, sino sus representantes, sus vicarios. Pienso en ella como ese alimento cuadrado, brillante y rosa, sujeto entre dos rebanadas. Pero es tan sólo lo que percibo de todo lo que realmente *es*. Y lo mismo pasa con el pavo dentro de la vitrina de cristal con el cuello doblado. Para Harman toda relación causal es vicaria y, lo que es más, tiene estructura de metáfora.

La metáfora, junto con la metonimia, son las dos figuras a las que recurre Harman para explicar, por un lado, el modo en que los objetos reales se relacionan a través de sus vicarios para crear otro objeto y, por otro, el modo en que la multitud de relaciones evita colapsar en un único objeto, ambas como estructuras de relaciones entre notas y objetos. Así la metáfora será la estructura simétrica según la cual, en virtud de una nota accidental, las notas esenciales de un objeto sensual son separadas de este para ser reasignadas a otro, dando lugar, así, a un nuevo objeto real, que es la relación-metáfora entre ambos. La metonimia, en cambio, será la estructura según la cual un objeto sensual es identificado con alguna de sus notas.

En una conferencia que dio Harman en el Instituto de Arquitectura del Sur de California en Los Angeles, introdujo esta teoría poniendo como ejemplo la descripción del agua de un mar. Para producir una imagen del tipo de mar descrito, usó la expresión *agua de vino*, que le atribuye las cualidades del vino, lo que se entendía como la metáfora que facilita la asignación de las notas atribuidas al vino, en este caso, al agua de ese mar. Al recuperar entonces el caso inicial de la loncha, es comprensible que la metáfora del pavo aplastado contra la vitrina produzca una imagen y un conocimiento del objeto que estamos pensando mucho más específico que una simple loncha sudada colgando de nuestro *bikini* (no hablo del traje de baño, sino del término catalán para referirse al sándwich mixto).

Como apunte final para introducir la OOO, Harman confiesa que, en este desarrollo teórico, sólo es capaz de detectar dos maneras en las que el mundo y sus objetos se han entendido y explicado: desde sus partículas —Harman lo llama *demolición*— y desde sus cualidades —*sepultamiento.* Combinando las dos maneras de conocer objetos —*reducción bilateral*—, el resultado es su propia destrucción. Y aunque clarifica que estas maneras de conocer el mundo son necesarias para muchos campos de conocimiento, asegura que el conocimiento no es el único tipo de cognición, proponiendo como excepciones ejemplares las artes y la filosofía que, de alguna manera, constituyen áreas que no pueden ser desarrolladas bajo esos dos únicos paraguas. Un cuadro no puede ser descrito únicamente por sus cualidades; es necesario ver el conjunto. Y definitivamente tampoco llegamos a ningún lado desarrollando como descripción lo que nos hace sentir.

Como ejemplo de esta insuficiencia cognitiva, propone la Historia, con mayúscula. La Historia es contada por medio del sepultamiento, en grandes rasgos, de eventos representativos —pero eso no implica que sean los más importantes para el transcurso de los hechos—. ¿Cómo se habrían desarrollado los hechos si Cristóbal Colón se hubiese atragantado de pequeño comiendo migas de pan y se hubiese ahogado? Los sucesos triviales son tan decisivos como los importantes pues todos interactúan y se correlacionan para dar lugar al desarrollo final de los hechos. Harman entonces atribuye este vínculo a la simbiosis que propone Lynn Margulis en *Planeta simbiótico*. Aquí se aplica entendiendo que la evolución es lo que ocurre con dos formas de vida que se unen. En contraposición al neodarwinismo, que entiende la evolución como la supervivencia del más apto, la simbiosis apela a una adaptabilidad e intercambio entre formas de vida distintas. Margulis defiende que, de todas las partes de las células humanas, sólo algunas bacterias estaban en la Tierra desde el principio —otras sugieren proceder de otro tipo de atmósferas— lo que induce a pensar que el gran paso evolutivo que dio lugar a la vida tal y como la conocemos hoy fue el resultado de la simbiosis. Harman, entonces se aproxima a la Historia con el mismo esquema, entendiéndola como un compendio de sucesos que, en diálogo con sus contextos, forman una interdependencia simbiótica que se produce a raíz de los cambios y adaptaciones necesarios.

Pero hay un factor en el trabajo de Harman que no queda claro: ¿cómo podemos apelar al distanciamiento, entonces, entre el describir un objeto desde sus cualidades o desde su forma y el valor que le damos al objeto sensual? Volviendo a la loncha de pavo, ¿cómo podemos entender la disociación producida entre su forma sintética y su *verdadera* composición?

LA MARAVILLA DEL PROCESO DE ABSTRACCIÓN

«Liberación del miedo por la maravilla de un arte abstracto». Esta expresión, tomada del ensayista, crítico y dramaturgo austriaco, Hermann Bahr, representa con claras palabras cómo, en el arte, el expresionismo quiere guiar al ser humano desalmado a que vuelva en sí. Su trabajo mana de lo escrito por Wilhelm Worringer, precursor central de lo que se conoce como *el pensar de la abstracción*:

«Una sensación de miedo debida a una intensa inquietud ante los fenómenos del

mundo circundante produce el impulso a la abstracción».

Con esta premisa, arranca el objetivo crítico de la tesis de doctorado de Wilhelm Worringer en la cual plantea un escepticismo de principio frente a la tridimensionalidad del espacio. Como teórico del arte de principios del siglo XX, en su trabajo vive el dualismo de lo que denomina como impulso de satisfacción debido a la belleza de lo orgánico y el impulso abstraccionista inspirado en la belleza inorgánica, regida por leyes y necesidades abstractas. Tras este acercamiento a su teoría, ya de primeras nos lo podemos imaginar recortando él mismo los trozos de pavo para obtener finas piezas apilables, de geometría impecable, para meterlas en el bocata.

La abstracción (del latín *abstrahere*, «alejar, sustraer, separar») se define como una operación mental destinada a aislar conceptualmente una propiedad o función concreta de un objeto y pensar qué es, ignorando otras propiedades del objeto en cuestión. Esto nos permite vincular el avance y predominio de las tecnociencias y el Movimiento Moderno con un alejamiento de lo experiencial en el mundo del arte y la arquitectura, donde el objetivo principal era elevar las ideas. Propongo como ejemplo *El poema del ángulo recto*, una obra de 1955 compuesta por una serie de litografías con las que Le Corbusier eleva el lenguaje de la arquitectura, en una oda al ángulo recto.

Claudia Öhlschläger, en el prólogo de la tesis de Worringer nos recuerda que Marx ya había diagnosticado un factor de crisis como abstracción de las relaciones vitales señalando «la enajenación de la actividad humana práctica» tal como se dibujaba en la relación del obrero con el producto de su trabajo. Según Marx se demuestra «la relación escindida del ser humano con el mundo exterior sensible, con los objetos de naturaleza de un mundo extraño y hostil hacia él». El hecho de que, bajo las modernas condiciones técnicas de la producción, la mercancía comenzaba a desplegar una dinámica independiente de la persona adquiriendo así un carácter cuasi religioso de fetiche era para Marx una demostración más de la existencia clasificada, insensibilizada y abstracta el ser humano.

Por otro lado, Georg Simmel, coetáneo de Worringer, también registró la tendencia de la modernidad hacia la abstracción con ligeras variantes. En una conferencia que impartió en 1903, titulada *La metrópolis y la vida mental,* expresó de modo contundente la dualidad entre los intereses del individuo y el racionalismo de la circulación de las mercancías y el dinero. Una dualidad que tiene su origen en la división del trabajo y en las condiciones psicológicas de la vida moderna en las grandes ciudades.

Escribe en relación con la elaboración de los conocimientos y con las instituciones sociales, que siguen existiendo en una extraña autonomía:

> **«Sólo es necesario apuntar que la metrópoli es arena genuina de esta cultura que trasciende toda vida personal. Aquí en los edificios y en las instituciones educativas, en las maravillas y en el confort de la tecnología conquistadora del espacio, en las formaciones de la vida comunitaria y en las instituciones visibles del Estado, se ofrece una solidez tan avasalladora del espíritu cristalizado y despersonalizado, que la personalidad, por así decirlo, no puede mantenerse asimismo bajo este impacto».**

Un remate importante en el pensamiento de Simmel, para Öhlschläger, es su aproximación bifurcada: por un lado, enaltece la libertad individual resultante de la objetividad preventiva y la preeminencia del intelecto, y, por otro, muestra preocupación por el peligro amenazante de ya no saber diferenciar entre las cosas —el peligro de la indiferencia—. Es aquí donde reside el impacto de ver un animal muerto estampado contra un cristal, en contraposición a sacar un paquete de «13 lonchas cuadradas de 12 x 12 cm^2 de jamón cocido extra bajo en grasa sin gluten sin lactosa». La indiferencia es el resultado, al fin y al cabo, de un alejamiento conceptual e ideológico del mundo que se nos presenta, el que vemos y experimentamos.

En las visiones de ambos autores existe un esfuerzo por tratar la idea de abstracción que resulta en una cristalización espiritual, partiendo de premisas diferentes: mientras que para Simmel buscar un espíritu *elevado y cristalizado* alberga la capacidad de reconciliar lo personal y lo particular, con los artefactos atemporales, en Worringer el espíritu cristalizado representa el punto de fuga a donde van la vida y el arte. La abstracción no aparece como señal de una relación hostil, sino como una imagen ilusoria, exigida de una naturaleza que debe ser superada e incluso de una dependencia de la vida que se debe extirpar.

«Cuanto menos familiarizada está la humanidad, en virtud de una comprensión

intelectual, con el fenómeno del mundo exterior, cuanto menos íntima es su relación con este, tanto más poderoso es el ímpetu con que aspira a aquella suprema belleza abstracta».

Dicho de otra manera, si hubiesen sido Worringer y Simmel los encargados de comprar el pavo para Acción de Gracias, habrían optado sin duda por hacernos a todo el mundo un sándwich para cenar. La relación tensa entre el ser humano y el mundo exterior la explica Worringer a partir de una desconfianza instintiva que el ser primitivo siente ante «el espacio libre y el incesante cambio de los fenómenos del mundo exterior». Bajo este prisma se vislumbra cómo la elaboración de formas conceptuales pretende ser una acción de enaltecimiento de lo esencial, sin accidentes ni ornamentos. Para Worringer, la salida de esta situación inquietante está en la orientación hacia la forma abstracta, geométrica, negadora de la vida, cuyo valor de necesidad, provee tranquilidad y dicha:

«La posibilidad de dicha [...]consistía en desprender cada cosa individual pertene-

ciente al mundo exterior de su condición arbitraria y aparente casualidad; en eternizarlo acercándolo a las formas abstractas y en encontrar de esta manera un punto de reposo en la fuga de los fenómenos. Su más enérgico afán era arrancar el objeto [...] de su nexo natural, de la infinita mutación a que está sujeto todo ser, depurarlo de todo lo que en él fuera dependencia vital, es decir arbitrariedad, volverlo necesario e inmutable, aproximarlo a su valor absoluto».

La teoría de la abstracción de Worringer es una teoría crítica de la civilización de la modernidad que se ocupa de problemas neurálgicos de la época: la desaparición de las cosas, la impotencia de los seres humanos frente a un mundo objetivo enajenado, fuera del alcance de los sentidos, sin dejar fuera la cuestión del papel y función del arte, en una época que, a causa de nuevo espíritu científico de abstracción, ha perdido la esencia o la naturaleza de las cosas y con ello también el paradigma de imitación de la naturaleza o mímesis.

Los representantes sobresalientes del Jinete azul (Der Blaue Raiter) —grupo de artistas que buscaban un arte que expresara las experiencias personales del ser humano enfrentado a la naturaleza—, Wassily Kandinski y Franz Marc, trataron de integrarse en esta concepción de la historia de Worringer que partía de lo espiritual en el arte. Öhlschläger apunta que a la aproximación de Worringer algunos críticos llegaron a apodarla *ideología de huida*. Worringer concibe una imagen del ciudadano moderno que, al igual que el hombre primitivo, se ve ante el mundo perdido e indefenso [Fig. 2].

Podemos entonces entender cómo en el desarrollo del Movimiento Moderno y su origen las teorías de abstracción y limpieza para elevar el espíritu, este alejamiento de lo mundano, liberan un peso a priori innecesario en aras del tan ansiado desarrollo. Es a través de esa abstracción que tiene lugar la disociación de nuestra loncha y el pavo del que provenía y, posiblemente, el importante vínculo entre la cultura heredada y nuestro posicionamiento dentro de esa red.

En 1907, en el libro de su tesis, ahora conocido como *Abstracción y naturaleza*, el título inicial en alemán constaba como *Abstracción y empatía*, Worringer eligió este último término para referirse a la actitud del arte que contempla la naturaleza para imitarla, como lo hacían en las artes plásticas los realistas y hasta los impresionistas, que buscaban captar el reflejo de un instante mezclándose, sintiéndose uno con la naturaleza. En el extremo opuesto, propone la abstracción como algo contrario a esta actitud, un movimiento desde el interior del ser humano frente, e incluso contra, la naturaleza, para afirmarse como ser humano.

Es oficial: nuestra loncha de pavo constituye lo opuesto al pavo en sí. De la misma manera que la loncha elude la imagen original de su estado animal, la nueva sensualidad del pensar que propone Worringer a principios de siglo desemboca en una prohibición de las imágenes figurativas.

Al igual que el triturado y prensado del pavo, para posteriormente rociar *minerat* —una sustancia que destruye todas las bacterias propias de la carne— sobre él, la construcción trabajada por Worringer tiene su punto de partida en un profundo escepticismo ante los fenómenos de la naturaleza que —mediante un *corte seco*—, deben ser desmaterializados, de-sensualizados y entregados a una construcción trascendental ordenada.

La teoría de abstracción de Worringer ha llegado a ser igualmente relevante para la historia de la literatura, de los medios y de la cultura. Al cuestio-

[2] *Cuadrado negro sobre fondo blanco*. 1915.
Kazimir Malévich. Ahora también conocido como *Dos negros peleando en una cueva*. Es el himno de Malevich al suprematismo, movimiento artístico de vanguardia inventado por él, que usaba las formas más abstractas y figuras geométricas básicas, como este cuadrado.

nar el paradigma de imitación naturalista, logra una comprensión de la abstracción que coincide con el desarrollo de las ciencias naturales desde fines del siglo XIX y se articula como una necesidad mental y estética de la época.

Las miradas micro y macroscópica forman dos modelos del ver abstracto en los que se puede demostrar con especial claridad la desintegración del mundo visible en imágenes desmaterializadas y desprovistas de cualidad. Y es precisamente aquí donde trazo un puente a través del tiempo que me permite cruzar desde el sólido suelo donde yace la corriente de la OOO al otro lado, un lado donde, según me voy acercando, mis pies se van despegando del suelo, la materia que forma mi corporalidad pierde el magnetismo que la fija al suelo y floto. Floto donde el dolor de todos esos pavos no me persigue. Floto donde las formas sencillas, las curvas limpias y el color rosa brillante me abraza. Donde lo que como no significa nada más que el placer que me produce. Donde poco a poco, flotando entre lonchas, sin escuchar nada ni emitir ningún sonido, poco a poco, me voy convirtiendo en una porción de materia cuadrada, rosa, bajo en grasa, sin gluten y sin lactosa.

LA LONCHA COMO ACTANTE

Y es que no todo en nuestra protagonista, la loncha, es su forma y color. Tampoco el sabor o las proteínas que contiene. Ahora también cabe preguntarse qué implica mi presencia en el mercado, y el hecho de que exista una disociación del animal y su largo proceso hasta llegar a la vitrina, y *esa cosa* que pongo yo en la tostada. Para Jane Bennett la comida es «un activo inductor-productor de efectos destacados, públicos, mucho más que un recurso pasivo a disposición de los consumidores». Su libro, *Materia vibrante*, abraza una idea de materia vital y se aleja del hábito de analizar el mundo como un conjunto de materia sorda. Este enfoque filosófico forma parte de la corriente que se conoce como *giro afectivo*, que incluye visiones como teorías sobre la subjetividad, teorías del cuerpo, la teoría feminista... Ella se cuestiona si una atención renovada hacia la agencia de la materia puede ayudarnos a concebir de nuevo lo que es la materialidad, a alejarla de la imagen de materia bruta e inerte.

Quizás aquí podamos finalmente responder a los vacíos generados al interpretar una simple loncha de pavo a través de la filosofía de la OOO. Estos espacios son lo que Bennett define a través de un caso, el de la grasa en Estados Unidos.

> **«En el caso de la grasa, debemos tener presente no sólo a los grandes humanos y a sus prótesis económico-culturales (empresas agroalimentarias, máquinas expendedoras de aperitivos, raciones recomendadas, hornos microondas, cirugía bariátrica), sino también los esfuerzos y trayectorias de las grasas por sí mismas, ya que compiten con (o más indirectamente, debilitan o fortalecen) los deseos, prácticas, hábitos o ideas humanos».**

A ojos de Bennet el acto de comer, por lo tanto, revela no sólo la interdependencia de los humanos y la materia comestible, sino también una capacidad de generar cambio social inherente a los cuerpos humanos y no-humanos por igual. Lo que cuenta como actor ya no es en adelante lo individual, sino los *actantes* en ensamblajes. Entendamos *actante* como Bruno Latour lo define en *Políticas de la naturaleza*: «algo que actúa o al cual la actividad le es proporcionada por otros. Esto no implica un estímulo concreto de actores humanos individuales ni siquiera de los humanos en general».

Bennet quiere poner en cuestión la idea de humano y los límites de la subjetividad y busca desarrollar la agencia material y los poderes activos y efectividad que emanan de los no-sujetos, de las cosas no-humanas o no del todo humanas. Esta reivindicación nace de la sospecha de que la imagen de una materia muerta o completamente instrumentalizada alimenta la soberbia humana y esas fantasías de consumo que están destruyendo la Tierra. El simple hecho de entrar al mercado de nuestro barrio ya es una parte de la cadena alimentaria. Más aún, el tiempo que le dedicamos a decidir si nos conviene más ir rápidamente a la tienda pequeña de la esquina antes de que cierre o si podemos echarnos una siesta y en su lugar ir tranquilamente a la cadena de supermercados que está abierta hasta tarde, pondera como la estructura alimentaria que afecta nuestra relación con la producción y, por ende, el origen de la misma.

¿Qué sucedería si movimientos como *slow food* alcanzaran un sentido más amplio de la vitalidad activa de los productos alimenticios? Haciéndose esta pregunta, Bennet apunta que la reflexión es la siguiente: «Si una imagen de materia inerte ayuda a estimular un consumo agresivamente derrochador y dañino para el planeta, de la misma forma una materialidad experimentada como una fuerza viva podría animar a una actuación pública más ecológicamente sostenible». Bennet subraya que la intencionalidad humana no es el único elemento y definitivamente no constituye la clave del público que está surgiendo alrededor de temas como la obesidad, la salud pública y la seguridad alimentaria. El alimento, como materialidad autoalteradora y dispersora, es también un actor. Participa en lo que nos convertimos. Es una de las muchas fuerzas agentes operativas cuando nos ocupamos en cuestiones como qué comer, cómo conseguirlo y cuándo detenernos.

En contraste, Bennet interpreta la comida por sí misma como un *actante* dentro de un ensamblaje que incluye entre sus miembros a mi metabolismo, mi capacidad cognitiva y mi sentido moral, y así tener en cuenta los alimentos actuando en conjunción con las no suficientes materialidades de percepción, creencia, memoria y significado. Finalmente declara que su meta ha sido desvelar la presencia del «principio activo» en la materia [Fig. 3].

Este compendio de miradas sobre el mismo objeto, la loncha, nos aporta un acercamiento (de tantos otros) a un alimento que, citando a Bennet, «para convertirse en 'comida', tiene que ser digerible para un cuerpo previamente ajeno, el mío. De igual forma, si mi cuerpo va a ser alimentado, tiene que acomodarse a un cuerpo previamente ajeno». Pero este alimento, además, es el resultado de un ejercicio centenario de elevar lo mundano a un plano donde no existe el miedo, donde no existe el ornamento, donde no existe la culpa; es una abstracción de toda la red, una red de apreciaciones y percepciones que van ligadas, en su sencilla forma, a mi propia capacidad de ver en esa loncha una loncha procedente de un corte aplicado a una gran masa de carne apretujada, sudorosa y sangrante que en algún momento tuvo pulso y, sin lugar a dudas, ocupaba otro papel como principio activo. Quizás cuesta asimilar que de primeras, en una incursión a la pollería, puedan resonar tantas historias y razonamientos sobre una realidad cotidiana plenamente asumida y aceptada. Sin embargo, volviendo a Donna Haraway —una de las voces que resuena que más me inspira— concluyo: «La complejidad es la esencia de lo que buscamos».

[3] *Sin título*. 2014. Alberto Martínez Muñoz.
Cuando estudiaba bachillerato, mi amigo Alberto me regaló
esta obra, que representaba un QR que, una vez escaneado,
te mostraba una dirección url que Alberto había programa-
do. Pasados los años, probé a volver a escanear el QR y para
mi sorpresa ya no me direccionaba al mismo sitio. Ahora, lo
tengo colgado en mi casa y cada cierto tiempo compruebo
si lo que a primera vista se antoja permanente ha vuelto a
transformar su contenido, demostrando los mundos y signi-
ficados que una simple forma puede estar ocultando.

El tamagotchi

Un dispositivo para reinventar
el vínculo perdido

¿CÓMO LEE UNA BALLENA?

Hay una película llamada *Avatar* que obtuvo un gran éxito desde su estreno en el año 2009. Cuenta la historia del descubrimiento de un nuevo planeta llamado Pandora en el que habitan unos extraterrestres tribales conocidos por el nombre de na'vi. Estos seres son como los humanos, pero más altos y de color azul intenso. Los na'vi tienen una conexión carnal, emocional y se podría decir que hasta metafísica con su medio y el resto de criaturas que habitan su planeta, hasta el punto que le rinden culto a un gran árbol a través del cual se manifiesta su diosa, Eywa. Los humanos llegan a Pandora y, como era de esperar, tienen científicos y militares asentados en una base de operaciones con el fin de analizar e investigar el nuevo mundo para, llegado el momento, proceder a la invasión de sus tierras y explotación de sus recursos con la intención de quedarse y expandirse. Hasta ahí, una sinopsis básica. En el año 2023 en el planeta Tierra real estrenaron la segunda parte de esta película, sumando unos catorce años de espera desde la primera y una gran expectación por parte del público. Yo fui a verla deseando volver a ver esos bichos azules volando y revolcándose entre esas increíbles plantas. Pero algo en esos catorce años de intersticio había cambiado: yo. Recordaba perfectamente el placer de ver nuevos tipos de flores, de relaciones interespecie, de cosmologías. Esta vez, sin embargo, reparé en los argumentos desarrollados a lo largo de la peli para defender los derechos de los na'vi con el fin de generar empatía por su mundo. Los mismos argumentos que hoy nos ayudan a establecer puentes de entendimiento con otras personas, con otras comunidades e incluso con otras especies: nuestros rasgos en común.

Y es ahí que, a pesar de las infinitas posibilidades imaginables, el nuevo mundo que James Cameron nos propone se acaba dando de bruces con nuestras propias limitaciones culturales. Por poner un ejemplo, nos presenta unas seudo ballenas-dinosaurios —los tulkum— que constituyen el conflicto central de la segunda parte de la saga, porque segregan una sustancia en una glándula cerebral que es capaz de conseguir rejuvenecer la piel y los organismos de las personas. Es, por así decirlo, oro líquido y la razón por la que existe todo el proyecto de invasión de Pandora que dispone de toda una red de medios para darles caza y proceder a una mutilación del ejemplar para la extracción de este elixir [Fig. 1].

Los tulkum además poseen un mayor número proporcional de neuronas comparadas con las del ser humano. Y aquí viene la guinda del pastel. Se destaca esta capacidad intelectual hasta el punto que, aunque no nos podemos comunicar conversacionalmente con ellos, los científicos que trabajan en las bases militares han descubierto que estos seres son de una inteligencia «comparable con la del ser humano» e, incluso, —cito textualmente— «tienen también conocimientos de matemáticas y de filosofía». Ahí, en la sala de cine, en el salón de una casa, en tu asiento en un viaje de avión, tren, globo aerostático o donde quiera que sea, es cuando se espera que al espectador se le corte la respiración, con las uñas clavadas en los reposabrazos, la boca abierta y los ojos humedecidos, susurrando:

— Esa pobre ballenita... ¡podría ser yo!

Evidentemente este dato la deja a una consternada, caminando en círculos en su habitación. Pero no porque me inunde la pena. No exactamente. Sino porque yo creía que sabía algo del mundo marino y ahora lo único que hago es imaginarme a un cetáceo preparándose para el ingreso a la universidad. O qué clase de cartabones usarán bajo el agua en sus calculaciones balleniles. ¿Y con qué manos? Una se pregunta, ¿qué brillantes autores se supone que leen estos tulkum? ¿Odiarán a Kant tanto como le odié yo?

[1] Representación de un Tulkum.

DE LAS REPRESENTACIONES DIGITALES

«Nos damos una palmadita en la espalda por haber inventado internet, pero internet se creó hace mucho ya —y yacía bajo nuestros pies—».

Brit Marling

Sorprende que resulte innovador imaginar ballenas que entienden de filosofía, ballenas *avanzadas* que han seguido los pasos del *hombre moderno* (en masculino) y han elaborado campos de estudio para comprender el funcionamiento del cosmos. Y realmente esto es un síntoma de la ideologización que llevamos arrastrando desde el principio de las representaciones. Hablo de representaciones religiosas (la serpiente como diablo), de representaciones decorativas (hojas de acanto esculpidas en capiteles de mármol), de las representaciones en botánica y zoología que puedes ver en los museos de ciencias naturales (el hecho de que exista un museo de esas ciencias como puede ser el Museo de Ciencias Naturales de Madrid, con sus cuatro paredes luciendo imperiosas y un techo, bien separados del resto del entorno, rodeado por un jardín diseñado con paseos armoniosos y arbustos bien podados, que como guinda del pastel luce un cartel en la entrada que prohíbe el paso de perros al recinto... ya nos da una pista) y, por último, de las representaciones digitales —de las que voy a hablar en este capítulo—.

La ideologización a la que me refiero se fundamenta en cómo siendo criaturas inmensamente pequeñas dentro de todo nuestro ecosistema hemos aprendido a racionalizar lo que vemos bajo los parámetros que nos afectan a los seres humanos. Buscamos en los museos esas especies disecadas que están expuestas por familias; papá, mamá y los hijitos [Fig. 2].

Hemos aprendido a cantarles a nuestras plantas y ponerles abrigo a nuestros chihuahuas. Y cuando escribimos películas taquilleras bajo la bandera de la innovación, nos imaginamos unas ballenas que saben de matemáticas y conocen su propia historia, dando a entender que son una especie más avanzada en la cadena evolutiva por haber desarrollado esas capacidades. Esto es un error de representación en tanto que consciente o inconscientemente estamos presentando nuestras propias capacidades por encima de todo.

En estos tiempos modernos todavía salen películas que, con la intención de transmitir la admiración por lo indómito, caen en la trampa de contar

83

[2] Vitrina con *familia* de lobos disecados
en el museo de Ciencias Natuurales de Madrid.

la historia del universo salvaje bajo el prisma del ser humano moderno y su perspectiva domesticada de lo que es el cosmos. El imaginario asociado a las fieras y seres indígenas fuerza una impresión que pareciera de involución de los mismos, como un viaje al pasado en el que vemos las formas primitivas de nuestra propia especie. Lo que me hace temer que sólo vaya a ir a más.

Realmente, me resulta comparable con situaciones que se siguen dando en las fronteras entre las civilizaciones occidentales, modernas o capitalizadas, y las tribus indígenas con las que, de alguna manera, conviven aunque las segundas realmente combaten su propia erradicación activa o pasiva. No olvidemos las imágenes de las vacunaciones de la Covid-19 durante el año 2020 que crearon un duro proceso de negociaciones en países de América Latina donde, para poder moverse con libertad, se les forzaba a estar vacunados para no ser un peligro para el resto.

En *Avatar 2* la metáfora es implacable, puesto que se produce un exterminio de los tulkum abriendo una grieta entre la admiración que produce un ser que nos recuerda al mismo ser humano y la aniquilación de toda su especie para extraer recursos. No pasa desapercibido que esto esconde una búsqueda de empatía en el espectador producida por la humanización de una especie salvaje.

Por esta razón, nos encontramos tan profundamente desconectados del cosmos que soñamos, de especies que sí podemos entender y que, sin fallo alguno, podemos manipular.

Por esta razón este es el capítulo del tamagotchi.

EL EFECTO TAMAGOTCHI

Los tamagotchis son unos dispositivos de plástico pequeños, del tamaño de una mano, con forma de huevo aplanado. Tienen una pantalla LCD y muestran la imagen de una criatura similar a un animal, una mascota virtual. El nombre es un juego de palabras en japonés que se compone de: *tamago* (huevo) y *gochi* (reloj).

Este gadget salió al mercado en Japón en el año 1996 bajo el ala del gigante fabricante de juguetes Bandai. Su creadora, Akihiro Yokoi, lo ideó a raíz de ver un anuncio comercial en el que un niño se mostraba afectado ante la negativa de sus padres a comprarle una tortuga. Ella dice que la hizo recapacitar sobre otros modos de ejercer esos cuidados y atención que aprendemos en la convivencia con los animales y desarrolló los primeros bocetos de lo que sería el primer dispositivo portátil, tamaño bolsillo que tendría un apogeo de diez años.

No era el primer invento relacionado con las mascotas. De hecho en Estados Unidos había tenido un éxito apabullante un juguete llamado Pet Rock (Roca Mascota) [Fig. 3] que no era nada más que una piedra envuelta en paja en alusión a un huevo reposando dentro de un nido, protegida en una caja que rezaba en letras grandes: «Tu Roca Mascota será un amigo y compañero devoto por muchos años más», prometiendo ser la mejor mascota, fiel y obediente. Sin desastres, ni alergias, ni sobreesfuerzos. Por otro lado, en materia de videojuegos, existía una colección llamada Petz (juego de palabras con *mascotas* terminado en zeta) que disponía de un juego de perros y otro de gatos, en el que jugabas con las mascotas para decidir a cuál querías adoptar. Este videojuego precisaba de un ordenador donde ser instalado.

Ya tan sólo por esta razón el tamagotchi constituyó un gran avance tecnológico en cuanto que era un videojuego portable y requería de un seguimiento constante para ser jugado correctamente, siendo así acuñado el efecto tamagotchi. En psicología se conoce

[3] Una caja de Pet Rock junto con su contenido.

como efecto tamagotchi al «cuadro de tristeza y dependencia desarrollado por algunas personas generado por las tecnologías».

«Odio ser tu tamagotchi y morir casi a diario
Si elegiste tu cuidarme, ¿por qué nunca me
—haces caso?
Bajo cero mis niveles,
—a más de cuarenta grados
Me congelo en tu bolsillo estando
—en pleno verano
No te pediré comida, solo que de vez
—en cuando
Me des un poco de amor de ese
—desinteresado
Pero sólo te das cuenta de que existo
—si me apago
Y las pilas me transforman en recuerdos
—pixelados
No soy tu puto tamagotchi
No soy tu puto tamagotchi
No soy tu puto tamagotchi
Tam, tama, tam, tama, tama, tamagotchi».

Cariño, *Tamagotchi*

ENTORNO CONTROLADO,
ALEJAMIENTO ASEGURADO

Esta forma de animismo en la tecnología electrónica moderna bien puede relacionarse, por ejemplo, con las conversaciones que se dan lugar en Chat GPT: un ser virtual que espera paciente dentro de la ventana del buscador hasta que precisamos de información más o menos específica y se produce un intercambio que tiene como resultado nuestra entrega parcial o total a los tentáculos de la tecnología y su capacidad cognitiva *todopoderosa*. O quizás soy yo, que sin darme cuenta después de acudir a la inteligencia artificial para que me socorra, apenas puedo contenerme en rematar la consulta tecleando un último: «¡¡muchas gracias!!». Las respuestas posteriores que obtengo del chat siempre son vergonzosas puesto que me recuerdan que por un segundo, gracias a la tecnología, he sentido el mundo como un lugar menos hostil.

El vínculo que generamos con estas tecnologías es el objeto de este último capítulo. Lo que diferencia este vínculo de los que se han expuesto en el libro en los capítulos anteriores es que no habla de cómo miramos o cómo clasificamos el mundo que nos rodea, sino de cómo lo reproducimos. Y de cómo nos alejamos. Y es esta situación la que da lugar a establecer vínculos con otras formas de vida desde una posición de control y dominación en la que el ser humano se mantiene protagonista y todas las formas de vida restantes son antagonistas. El ser humano pregunta, y obtiene una respuesta. Lo salvaje, lo metafísico y lo espiritual orbitan alrededor de él para posibilitar sus objetivos y metas. Y esta dinámica es entrenada a partir de las ficciones como las películas y los videojuegos, distanciandonos más del plano de lo real, un plano con su correspondiente nivel de descontrol y albedrío para pasar a un entorno controlado y totalmente seguro. En principio.

Al componer nuestro contexto de una manera ordenada y predecible, perdemos, poco a poco, nuestra capacidad de Matías con lo ajeno. La empatía, según Haraway, significa, entre otras cosas, convertirse en un sujeto que tiene la inquietante obligación de la curiosidad y requiere saber más al final del día que al comienzo. En la relación del ser humano con otros seres, la empatía juega un papel clave a la hora de establecer vínculos de respeto y si perdemos la capacidad de interesarnos por otras maneras de existir, que habiten, sientan y vivan de manera esencialmente diferente, perdemos nuestra empatía.

En un acercamiento más optimista, en un ensayo que escribe Latour (2010) como introducción a su Manifiesto Composicionista, se refiere a *Avatar* como «primer guión de Hollywood acerca del choque modernista con la naturaleza que no da como resultado una catástrofe definitiva y la destrucción —como muchos lo han hecho antes—, sino que opta por algo mucho más interesante: una nueva búsqueda de la esperanza con la condición de que sea completamente redefinido lo que significa tener un cuerpo, una mente y un mundo».

Con esto, alude al hecho de que, en la película, los seres humanos no disponen de las cualidades biológicas para la atmósfera de Pandora y para habitar sus tierras se ven obligados a sustituir sus cuerpos por los de unos avatares que han sido diseñados a partir de los cuerpos de los na'vi.

En este texto, además, denuncia el uso constante de la ciencia obsesionada con el control y reproducción de comportamientos y ciclos biológicos de manera que aporte un beneficio o respuesta al objetivo marcado. Por otro lado, pone en evidencia una renuncia del cuerpo y cultura del hombre moderno occidental para poder adaptarse a Pandora, que Latour compara con Gaia, entendiendo Gaia como Madre

Tierra. Latour concluye con una afirmación extraída de esta historia: «los humanos modernizados y modernizadores no están equipados física, psicológica, científica y emocionalmente para sobrevivir en su Pandora». La conclusión a la que llega Latour coincido en que es esperanzadora, aunque no puedo apartar mis ojos del contraste con los medios y argumentos empleados en la película para ese fin.

UNA ESPECIE COMPAÑERA

El tamagotchi, ante todo es un videojuego de simulación que representa una mascota encerrada en su interior. Como mascota estereotípica, demanda comida, atención y descanso, haciendo que el propietario del dispositivo tenga que ejercer cuidados para que la mascota no se enfade, enferme o muera. Los personajes tamagotchis no tienen forma de perro o de gato. De hecho, son extraterrestres procedentes de un planeta enfermo que, al emborracharse con una bebida alcohólica típica de Japón llamada *sake*, desatan el caos haciendo imposible la vida en sus tierras. Al huir, los tamagotchis aterrizan en el planeta Tierra y son encontrados por un doctor que, al percatarse de que se trata de una especie desconocida proveniente de otro tipo de atmósfera, los encierra dentro de un huevo para protegerlos. De esta manera, cuando un niño o una niña compra un tamagotchi, entiende que, aunque parezca un simple videojuego, hay vida ahí dentro.

Cuando Donna Haraway declara que ella se ve como un «organismo modelado por la biología de las postrimerías de la Segunda Guerra Mundial, que está saturado de ciencias y tecnologías de la información», responde indirectamente al fenómeno del tamagotchi, admitiendo que a finales del siglo XX —nuestra era, un tiempo mítico—, todos somos quimeras, híbridos teorizados... somos ciborgs.

Un ciborg es un organismo cibernético, un híbrido de máquina y organismo, una criatura de realidad social y también de ficción. Si entendemos por ciborg lo transgresor de los órdenes natural y artificial, lo que se amalgama a partir de partes de esos dos extremos, podemos considerar que tamagotchi es una máquina vitalizada, una máquina que se pretende viva, lo que Ronderos denomina «un ciborg autónomo». Fried aseguraba que la reproducción social de valores y prácticas hace de los juegos unos escenarios de transmisión y negociación así como de refuerzo de las tradiciones que representan nuestra cultura. Esto permite, a ojos de Ronderos, asumir los juegos como lugares de emulación en los cuales se da rienda suelta a lo imposible para asegurar las nociones de lo posible que actualizan el presente. Pero esa carencia de límites es precisamente la trampa. Cuando nuestro tiempo se articula con un número elevado de ficciones tecnológicas que aseguran aportar conocimientos y vivencias contextualizadas para vivir en el mundo físico, para el cual no existe espacio ni tiempo que ayude a asimilarlo, ¿cómo podemos asumir que seguimos conectados con los ritmos naturales que nos rigen?

El lanzamiento del tamagotchi marcó el inicio de una era, una en la que los aparatos tecnológicos que usamos se convierten en una extremidad más, una extensión de nuestras vidas, una presencia que nos acompaña. Una *especie compañera*.

Fue tal el impacto que dio lugar a otra manera de hacer comunidad. Precisamente algunas comunidades virtuales que se generaron con estas mascotas se tornaron comunidades físicas construyendo cementerios para tamagotchis. Cementerios para lo virtual —fuera de lo virtual—. Al menos siete de estos lugares existieron en uno u otro momento y en ellos se *enterraba* a estas entidades, con el objeto de darles un lugar donde descansar y, a los dueños, una estrategia para superar su duelo. Esto resulta especialmente interesante al tener en cuenta que el surgimiento de estos cementerios fue un proceso social que no estuvo regido por el diseño electrónico o de sistemas de Bandai, la compañía productora, sino que fue el resultado de necesidades que se veían insatisfechas con el diseño mismo de la máquina y su interfaz. Este es un buen momento para añadir que la máquina incluía un comando para ser reseteada cuantas veces se desease e iniciar, en ese mismo dispositivo, otra vida completamente nueva.

Las máquinas de este fin de siglo han convertido en algo ambiguo la diferencia entre lo natural y lo artificial, entre el cuerpo y la mente, entre el desarrollo personal y el planeado desde el exterior; y otras muchas distinciones que solían aplicarse a los organismos y ahora también a los dispositivos electrónicos. Conforme este vínculo se va reforzando y reservamos más y más espacio en nuestras vidas para estas máquinas, Haraway anuncia que se produce un intercambio: estas máquinas nuestras están inquietantemente vivas y, nosotros, aterradoramente inertes.

¿QUÉ ORDEN CONSTITUYE
LA SIMULACIÓN DE LA VIDA?

El tamagotchi es una mascota que, a medida que pasan los días y las interacciones, va evolucionando. Tiene, por un lado, iconos asociados a baremos analíticos como edad, nivel de peso, hambre y felicidad y, por otro, iconos centrados en algunas necesidades básicas como alimentarse, dormir, jugar y otras más elaboradas como medicarlo, ducharlo e incluso disciplinarlo.

De la calidad de nuestros cuidados dependerá que el tamagotchi se convierta en una linda mascota cibernética o en un alienígena irreverente y descuidado, así como que desee estar más o menos tiempo a nuestro lado. El tamagotchi acaba volviendo siempre a su planeta una vez terminado su ciclo vital, aunque, como ya he mencionado, podremos despertar uno nuevo cada vez que lo deseemos. El máximo que vive un tamagotchi es de 24 a 28 días. En función del tiempo que haya pasado con nosotros podremos evaluar la calidad de nuestras atenciones. De esta manera, y como Ronderos concluye, «el juego busca jugar a la vida dándole al jugador los elementos para cultivarla mientras lo entrena en el dominio de sistemas electrónicos y en el reconocimiento de esta alteridad humano-maquinal».

¿Qué ecos tiene en nuestro propio desarrollo devenir con una tecnología animalizada? Cuando Donna Haraway describe lo que son las *especies compañeras*, postula que, al contrario de lo que la gente asocia con animales de compañía, la especie compañera como categoría es mucho más ruidosa y menos armónica. *Devenir-con* es el término que Haraway roba de Vinciane Despret para referirse a esta red que enriquece a sus habitantes y que «es una nueva articulación de *con-idad*. Aprender cómo dirigirse a las criaturas en estudio no es el resultado de la comprensión científica teórica, es la condición de esa comprensión».

Dentro del desarrollo del ensayo de especies compañeras de Donna Haraway, dedica un capítulo a lo que ella llama *el perro de Jim*. El perro de Jim es el resultado de una foto enviada a Haraway por un amigo suyo en la que muestra un tronco en descomposición, residuo de un árbol quemado, que, con el paso del tiempo, se convierte en un compendio de musgos, líquenes y bichos que toma la forma de un gran perro, accidentalmente. Para ella, esa foto contiene todos los estratos que componen un ser mundano. Y yo entiendo que es el punto donde el *Manifiesto ciborg* y *especies compañeras* se encuentran.

En la contraposición de su trabajo con la aproximación de Ronderos, hay un espacio para preguntarle a Derrida en qué lugar queda mirar a los ojos de un gato que nos mira, cuando aceptamos nuestra interacción con la tecnología como un factor más de lo que implica la obsesión de Haraway de *estar en el barro*. Si, —citando a Haraway—, «no está claro quién hace y quién es hecho en la relación entre el humano y la máquina y no está claro qué es la mente y qué el cuerpo en máquinas que se adentran en prácticas codificadas», ¿cómo podemos referirnos a los vínculos agrietados con el mundo salvaje? Me sumo a Ronderos al preguntarse: al recalcar la tensión orgánico/inorgánico ¿qué posibilidades abre y qué orden constituye la simulación de la vida?

Anexos

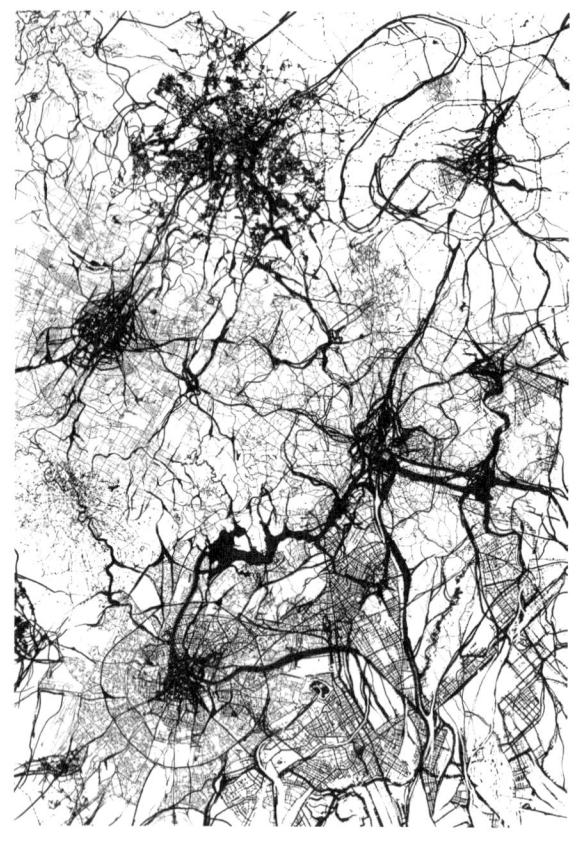

[1] Un plano, que nos recuerda a todos los tipos de tejidos
que conforman nuestro mundo, como hilos de una telaraña.

TELARAÑAS

«Cada sujeto teje relaciones, como hilos de
—una araña,
sobre determinadas propiedades de las
—cosas,
entrelazándolas hasta configurar
—una sólida red
que será portadora de toda su existencia».
Jakob Von Uexküll

Una vez leí en una revista que publica material relacionado con el arte, la naturaleza y la crisis climática, llamada *Atmos*, que las arañas se han adaptado a diseñar no solamente su creativo orbe, sino globos y burbujas, trampas mullidas y túneles y que algunos estudios recientes sugieren que las arañas piensan a través de sus telarañas [Fig. 1]. A través de estas palabras escritas por Willow Defebaugh, presento a continuación la red que ha sostenido este trabajo. Es un tejido compuesto por muchos autores y autoras diferentes en los que me he apoyado para hablar de retos de imaginar una convivencia interespecie y los objetos que nos ayudan a desenmascarar nuestros propios límites.

103

La relación de explotación y aprovechamiento que los animales humanos establecemos con el entorno puede ser considerada como la raíz de la actual crisis de biodiversidad y climática. Como resultado de vivir bajo el paraguas del sistema capitalista, las estructuras económicas occidentales son las que marcan los objetivos de las políticas y esto queda reflejado en la gestión y administración de los recursos que se precisan no sólo para mantener toda su maquinaria en funcionamiento, sino también para procurar un beneficio y capacidad de crecimiento constantes.

Esta relación cobra un mayor protagonismo en los núcleos urbanos, donde las interacciones con el entorno son manipuladas para minimizar los riesgos para el ser humano y aumentar su confort, reproduciendo así el modelo del Movimiento Moderno en el que el espacio construido constituye el ideal de progreso.

El punto de arranque de este trabajo ha partido del análisis de noticias y sucesos relacionados con lo más-que-humano en la ciudad o relativos a ella, dando lugar a un atlas que me ha permitido centrar la mirada en los dispositivos de mediación que existen entre humanos y no-humanos: la nueva Ley de

Protección Animal publicada en 2023, el proyecto de la Unión Europea llamado la Nueva Bauhaus, la explosión del AquaDom, un acuario de mil metros cúbicos que contenía mil quinientos peces exóticos en un hotel de Berlín y la sequía cada vez más crítica en el Parque Nacional de Doñana son algunas de las noticias que han propiciado el extrañamiento ante la cultura occidental actual, latente en las reflexiones de cada capítulo.

A través del estudio de objetos cotidianos es posible desvelar esas construcciones culturales ocultas de modo que el análisis formal y contextual de los mismos es capaz de poner en valor la red de ensamblajes que posibilitan la existencia del objeto y sus implicaciones socio-político-culturales.

La importancia de la escalaridad ha sido el filtro por el cual han ganado peso unos dispositivos más que otros, hasta el punto de centrarme únicamente en tres: la correa, la loncha y el tamagotchi.

Hablar de correas me permitía hablar de muchos tipos de sometimiento y dominación y una estrategia oculta de romantización de los vínculos bajo la forma de cuidados de origen patriarcal inconfundible; hablar de la loncha de pavo se presenta como símbolo del reduccionismo capitalista que oculta la estrategia de abstracción inherente a la alimentación y el consumo, facilitando el entendimiento de nuestro alejamiento gradual del entorno salvaje y sus ritmos y, por último, el tamagotchi. El tamagotchi es un dispositivo reciente con una utilidad muy específica que hace alusión a otras formas de vida y compañía generadas a través de la virtualidad y, lo que es más importante, nos sugiere hacia dónde se está dirigiendo la generación de vínculos con lo no-humano.

Hay una noción común a todas las lecturas y trabajos que han inspirado este libro que defiende la demolición de un estamento firme, vacío y, a su vez, histórico. Este estamento constituye el gran punto de fuga del paradigma de expansión y dominación arraigado en la actual cultura capitalista: el binomio cultura/naturaleza.

Esta dicotomía, inicialmente desarrollada ampliamente por Philippe Descola en su libro *Más allá de la naturaleza y cultura*, la han ido trabajando más autoras y autores enriqueciendo la inexactitud de este binomio a través de los ecofeminismos (ej. Donna Haraway, Anna Tsing) y el estudio de otras formas de sociedad presentes en el mundo (ej: Bruno Latour, Isabelle Stengers). Pues bien, la división entre la naturaleza y la cultura es una construcción que «no se aplica universalmente» según Descola, el cual cuestiona la idea de que la naturaleza sea un objeto externo separado de los seres humanos. Este posicionamiento revela una visión antropocéntrica subyacente y no visible de este término, puesto que se le asocia la ausencia de azar o artificio. En su lugar, propone el uso del término *medioambiente,* puesto que este no esconde el antropocentrismo que lo condiciona. Necesitamos pensar en términos más complejos y entrelazados para comprender la relación entre seres humanos y el mundo natural.

En una conferencia titulada *Propuestas ecofeministas para transitar a un mundo justo y sostenible,* Yayo Herrero se refirió al origen de este dualismo asegurando que es muy anterior al desarrollo de las tecnociencias, pero se magnifica a partir de ellas pues el mundo empieza a ser entendido como una máquina autómata de la que nos diferenciamos gracias al uso de la razón. Esto impulsa la aparición de contraposiciones que son el resultado de una cosmovisión dualista de las cosas: *la civilización* contra *la naturaleza, el artificio* contra *lo salvaje*. Descola sostiene que diferentes sociedades han desarrollado formas muy distintas de entender, relacionarse y categorizar el mundo natural; muchas ven a los seres humanos como parte de la naturaleza y no como algo separado de ella.

El reto de desvelar los mecanismos internos que se producen al echar una mirada específica sobre el medio y sus seres no puede sino buscar inspiración en autores y autoras del mundo de la ficción, de la antropología y del desarrollo de cosmologías interespecie.

«¿Qué significa ser moralmente responsables en el Antropoceno, cuando la Tierra es modelada por nosotros, por nuestra falta de moral –salvo porque no hay un 'nosotros' aceptablemente identificable que pueda cargar con el peso de tal responsabilidad–, y cuando ha sido puesto en duda el lazo mismo que conecta la acción colectiva con su consecuencia?».

Bruno Latour

En lo que a mirada se refiere, la ficción permite una libertad mayor que otras áreas, no precisa de datos científicos para especular ni siquiera de un conocimiento empírico demostrable.

Úrsula K. Le Guin desarrolla a través de *La teoría de la bolsa como origen de la ficción* una nueva visión sobre el animal humano: ser capaz de crear contenedores de cualquier tipo y tamaño con el ánimo de resguardar, proteger, aislar, recordar, localizar. Una cualidad humana que, a ojos de Le Guin, ha aportado un desarrollo mucho más consciente de su papel en los ecosistemas que su capacidad de aniquilar y conquistar lo desconocido a lo largo de *la historia*.

A través de este texto nos vemos reflejados en un espejo distorsionado, una imagen en la que reconocernos, pero que también invita al autoextrañamiento para plantear preguntas acerca de cómo definirnos. Le Guin propone un nuevo héroe, la botella: «El primer dispositivo cultural fue probablemente un recipiente... Muchos teóricos creen que los primeros inventos culturales deben haber sido un contenedor para recoger productos recolectados y algún tipo de canguro o portador de red». A través de este texto se produce un cambio en la manera en que se entiende la historia del ser humano invitando al lector a pensar en las posibilidades infinitas de contar *la historia* de otra manera.

De esta manera, *Lonchas, correas y tamagotchis* tiene como fin encontrar más ejemplos de botella, más dispositivos que permitan desarrollar otras teorías y así encontrar relatos que hablen de una interdependencia sin romantizar lo silvestre.

> **«Importa qué historia contamos para contar otras historias con ella; importa qué conceptos pensamos para pensar conceptos con ellos».**
>
> Donna Haraway

En su famoso ensayo *Manifiesto para cyborgs*, Donna Haraway argumenta que las separaciones entre género, especie, raza y tecnología son construcciones culturales que debemos superar para tener una visión más amplia y justa del mundo natural y cultural. Además, su trabajo explora la convergencia entre ciencia y tecnología y la importancia de abordar los problemas globales desde una perspectiva interdisciplinar: un ciborg «es un organismo cibernético, un híbrido de máquina y organismo, una criatura de realidad social y también de ficción». Esta interdisciplinariedad dialoga con la «propuesta cosmopolítica» de Isabel Stengers que describe el cosmos como un «operador de igualdad»:

«**El cosmos, tal como figura en el término** *cosmopolítica*, **designa lo desconocido de estos mundos múltiples, divergentes; las articulaciones de las que podrían llegar a ser capaces, contra la tentación de una paz que se quisiera final, ecuménica, en el sentido de que una trascendencia tendría el poder de exigirle a lo que diverge que se reconozca como una expresión meramente particular de lo que constituye el punto de convergencia de todos**».

Esta definición de cosmos es necesaria para entender que propone una cosmopolítica que no entiende de *buen mundo común*, que no tiene representante. Y por esto actúa como un operador de igualdad. Estas construcciones de Stengers comparten el ecosistema de convivencia que nos propone Haraway en su ensayo *Saberes situados: la cuestión de la ciencia para el feminismo y el privilegio de la perspectiva parcial*. Haraway aborda la relación entre ciencia, tecnología y poder y cómo la construcción de conocimiento científico ha estado estrechamente ligada a la opresión social y la subordinación colonial. Haraway sostiene que el conocimiento científico debe ser visto como situado, es decir, que debe ser entendido como una construcción cultural específica, influenciada por factores políticos, históricos y sociales. De esta manera Haraway se adhiere también a la perspectiva decolonial de que el conocimiento y la ciencia no son objetivos y neutrales, sino que están enraizados en historias y prácticas de opresión y exclusión. Este universo compartido por Haraway y Stengers es una red tentacular, un sistema simpoiético, generado con otros, no construido en solitario. Para llamar a la participación de esta cosmología, propone el término *Tchuluceno*, una nueva era (posterior al Antropoceno y al Capitaloceno) en la que nos enraizamos en el presente, una era de seres interconectados, multiespecies y post-humanista para abordar los problemas globales desafiando las jerarquías culturales impuestas, volviéndonos, de esta manera, más salvajes.

En último lugar, y alejándose de la ficción de cosmologías, destacan las cosmologías multiespecies existentes, desarrolladas en el trabajo de Paulo Tavarés: «Lo que en el imaginario cultural occidental se llama medio ambiente, los pueblos de la Amazonia lo consideran 'una sociedad de sociedades, un escenario internacional, politeia'». Esta concepción del bosque como Cosmópolis implica que todo ser que habita el bosque —ríos, árboles, jaguares, pueblos— es *ciudadano*; agentes o sujetos dentro de un escenario político ampliado a quienes incluso se les deben otorgar derechos. La mirada específica de Paulo Tavarés sobre los cruces entre el marco legal y la naturaleza constituye un punto de arranque para comprender cómo un dispositivo forma parte de una red de interdependencia que apenas nos muestra la punta del iceberg.

De la misma manera, el uso de una metodología de análisis sobre objetos y artefactos que participan de las relaciones y estrategias de cohabitación en la Tierra permite una aproximación a los mismos desde las bases de la filosofía posmoderna en diálogo con la crítica arquitectónica.

El trabajo de Timothy Morton en estas líneas se vincula mucho con la crítica al Movimiento Moderno que da lugar a la contraposición del hombre (en masculino) y la naturaleza. Como filósofo especializado en la ecología, a la que él denomina *ecología oscura*, defiende la fealdad y viscosidad de la misma como aproximación situada a lo que entendemos como naturaleza.

Dentro del análisis del «proyecto agrologístico», que viene a ser la manera en que Morton se refiere a la historia y logística de la agricultura vinculada a la industria y la tecnología computacional, en su ensayo *Donde viven los monstruos* menciona dos fases de este proyecto que, a raíz de intentar solucionar y controlar el problema del calentamiento global hace doce mil quinientos años, generó otro mayor. Es una historia que se repite como resultado del auge de la tecnociencia y sobre este mismo tema Latour se expresa muy claramente:

«¿Qué nos corresponde hacer en la ecología política? Nada.
¿Y qué hay que hacer? ¡Ecología política!».

Morton argumenta que el capitalismo es un sistema que está intrínsecamente conectado con la degradación del medio ambiente y la pérdida de biodiversidad y que las soluciones que se proponen desde la perspectiva capitalista no son adecuadas para abordar los problemas globales que enfrenta el planeta. Es por esto que la ecología política tiene una vía muy clara: hacer menos.

Para poder desarrollar todas estas ideas venimos de pensar el mundo en términos y escalas globales, de una complejidad inmensa. Pero no dejan de ser realidades a las que nos enfrentamos y que nos afectan. A esto Morton lo llama *hiperobjetos*. Requerimos aprender a vivir con ellos, pues nos obligan a repensar nuestra relación con el mundo natural y a tratar de comprender nuestras acciones en el contexto de su impacto sistémico. Estos objetos se caracterizan por ser tan grandes e impactantes a nivel ambiental y social que son difíciles de comprender en su totalidad y a menudo trascienden nuestra capacidad de percepción.

Esta idea de hiperobjeto, como tótem que permite referirse a un género distinto de ideas y definiciones que nos afectan, pero nos superan, invita a pensar en la idea de dispositivo con el valor que le aportó Foucault.

Según Foucault, un dispositivo es un conjunto absolutamente heterogéneo que implica discursos, instituciones, estructuras arquitectónicas, decisiones regulativas, leyes, medidas administrativas, enunciados científicos, proposiciones filosóficas, morales y filantrópicas. Un dispositivo es tanto lo dicho como lo no dicho. Una de sus definiciones más sugerentes es la propuesta por Giorgio Agamben:

«Llamaré dispositivo literalmente a cualquier cosa que de algún modo tenga la capacidad de capturar, orientar, determinar, interceptar, modelar, controlar y asegurar los gestos, las conductas, las opiniones y los discursos de los seres vivos».

Tanto los dispositivos de Foucault como los hiperobjetos de Morton tienen que ver con cómo las estructuras sistémicas y los imaginarios actuales influyen y controlan la vida cotidiana. Se diferencian en que se enfocan en objetos a escalas distintas de análisis.

Todo este entresijo de cosmovisiones y términos da lugar a un diálogo fluido entre campos científicos como la antropología, la sociología y la biología. Pero, ¿cómo podemos pensar estas ideas fuera de las ciencias? ¿Dónde queda el espacio construido, que esculpe nuestras relaciones un día tras otro? ¿Cómo podemos vincular estos razonamientos con nuestras acciones? Naturalmente, no se trata de dar una respuesta correcta, pero podemos concretar que el entorno urbanizado guarda una estrecha relación con lo anteriormente planteado. Podemos, en palabras de Uriel Fogué, «abrir la caja negra de la ciudad».

Uriel Fogué analiza la ciudad desde su transformación a raíz de los descubrimientos científicos que impulsaron la visión orgánica, aquella que mira la naturaleza, el cuerpo y la economía e inspira su transformación bajo preceptos dinámicos, como el flujo o la circulación, de tráfico, de cuerpos humanos, de recursos o de mercancías.

«En la segunda mitad del siglo XIX el ciudadano era testigo de unas inimaginables transformaciones en el poder, la ciencia y la técnica, las cuales tuvieron su reflejo radical en una configuración inédita de la ciudad industrial. Y el ciudadano del siglo XXI las vive, desconocedor de lo que sucede bajo sus pies y por qué pasa por ahí. Los análisis que son recogidos en las historias de la arquitectura se encuentran sumidos en un paradigma humanista y antropocéntrico.».

Bajo esta mirada consciente de que caminamos por encima de decisiones basadas en un paradigma diferente, nos proponemos formar parte de estos espacios. Tras estas pinceladas sobre lo invisible en la ciudad, queda preguntarse qué maneras tenemos de volver a percibir eso que yace oculto. Yendo más allá, entender el entorno como esa red de ensamblajes no sólo apela entonces a las estructuras y ritmos ocultos, sino a los instrumentos y dispositivos que las posibilitan.

Más concretamente, el interés en el contexto más-que-humano se centra en su lugar en el espacio y tiempo de la ciudad.

Como respuesta a las transformaciones que sufrió Nueva York a lo largo del siglo XX, en 1961 Jane Jacobs publicó su obra más conocida, *The Death and Life of Great American Cities* (Trad. del inglés: *La muerte y la vida de las grandes ciudades americanas*), que se convirtió en un clásico de la literatura urbana. En este libro abogaba por la idea de la «mezcla de usos», la importancia del espacio público y la necesidad de una planificación urbana basada en la observación y la comprensión de la vida real de los barrios.

Es preciso citar una idea que David Harvey expone en su libro *Ciudades rebeldes* para comprender la escalaridad de este problema: «La cuestión de qué tipo de ciudad queremos no puede separarse del tipo de personas que queremos ser, el tipo de relaciones sociales que pretendemos, las relaciones con la naturaleza que apreciamos, el estilo de vida que deseamos y los valores estéticos que respetamos».

En el estudio del funcionamiento de una urbe y su compleja red de interdependencias podemos pensar en la definición de *holobionte*. Un *holobionte* es un organismo compuesto generalmente por un huésped y una variedad de especies que cohabitan en él (no necesariamente en su interior sino también sobre él). Ser uno es devenir-con muchos. Sabemos que los genomas humanos pueden hallarse en sólo un diez por ciento de todas las células que componen un cuerpo humano. Este momento simbiótico es el punto de partida para el espacio de la ciudad dentro de la ecología política.

Al entender el cuerpo propio como un conjunto de organismos, es más fácil entender que esa estructura opera de la misma manera hacia afuera y en sociedad y que, de la misma manera, se produce esa simbiosis e interdependencia a un nivel multiescalar. Podemos encontrar un ejemplo determinante en lo que Gilles Clément denomina como *tercer paisaje*.

Manifiesto del tercer paisaje es la aproximación mediante la que Clément hace hincapié en la importancia de preservar y valorar el tercer paisaje, es decir, aquellos espacios residuales que no están dominados por la naturaleza o la mano del hombre, sino más bien que reflejan el equilibrio entre ambos. Un espacio que no expresa poder ni la sumisión al poder. La teoría plantea la importancia de estos espacios como lugares de conexión entre la naturaleza y la ciudad para la creación de una red global de espacios verdes para la biodiversidad.

Cuando miramos la ciudad desde esos espacios residuales, en este caso entendemos la importancia de las normativas que regulan el suelo y qué legislación es la que impera cuando en un solar lleno de amapolas, insectos y barro, en cuestión de dos semanas se levantan los cimientos de un futuro edificio de siete pisos. En este punto, el interés de este trabajo se concentra en la multitud de escalas a las que hace referencia.

Finalmente, existe un esfuerzo por vincular de manera diagonal las escalas de interdependencia, especialmente aquellas que parten de los objetos hacia afuera y los objetos hacia adentro.

Esta red de visiones cosmológicas culmina en la idea de la Tierra como Gaia que proponía Lynn

Margulis en *Planeta simbiótico*. «Gaia viene a ser un viejo nombre griego para la Madre Tierra; postula la idea de que la tierra está viva. Gaia es la simbiosis vista desde el espacio». Con su teoría de la evolución a través de la simbiosis, Margulis propone una manera de mirar los seres como una parte de una red compleja de interdependencia. De la misma manera que apunta Haraway en el *Manifiesto de las especies compañeras*, se pueden entender múltiples realidades interconectadas a través de una relación, de una mirada situada, y de «mantenerse en el barro». Como ejemplos de aproximaciones a este *barro* para hablar de la realidad concreta de lo más-que-humano, se puede hablar del «mundo circundante», concepto desarrollado por Jakob Von Uexküll en *Andanzas por los mundos circundantes de los animales y de los hombres*, en lo que podría ser la primera investigación de la que se tiene constancia a día de hoy que propone un entendimiento del mundo de los animales desde el punto de vista de los mismos; en su caso, la garrapata. Por otro lado, Vinciane Despret responde a la misma premisa con *Autobiografía de un pulpo y otros relatos de anticipación*, pero desde una ficción especulativa. Ella nos invita a imaginar otra posible ciencia del comportamiento animal a través de arañas, wombats y pulpos. Esta aproximación a historias concretas desde la especulación es el pilar central de este trabajo que busca apoyarse en objetos cotidianos para poner en valor la red de interdependencia y jerarquías que tienen detrás.

¿Y AHORA, QUÉ?

> «El lector empírico puede leer de muchas maneras y no existe ninguna ley que le imponga cómo leer porque, a menudo, usa el texto como un recipiente para sus propias pasiones, que pueden proceder del exterior del texto o este mismo se las puede excitar de manera casual».
>
> Umberto Eco

Han sido expuestos tres objetos con la intención de hacerlos trascender más allá del uso que les damos y la descripción que les asignamos. Hay una loncha que nos ha absorbido como si fuese un código QR y rápidamente nos ha conducido por calles rectas, rodeadas de edificios cúbicos con muchos pisos, esquivando árboles meticulosamente situados en forma de retícula alrededor de una fuente, podados como chupa-chups para encontrarnos con Wilhelm Worringer y hablar sobre la angustia de vivir en un mundo tan complejo y, por el contrario, la belleza y sosiego de alejarse de todo ello para elevarnos en el mundo conceptual de la abstracción. Hemos entendido entonces el papel de lo que yace oculto en cualquier incursión al su-

**[1] Manos dibujando y modificando
el mundo que habitamos.**

permercado, hemos paseado *nuestro perro* y, con él, a muchos animales más, repasando así los entornos que los definen, los regulan y los constriñen. Y les hemos preguntado qué papel harán en la elaboración de normativas para hacer un mundo más justo. Pero, para nuestra absurda sorpresa, no nos han contestado, así que, sumidos en el desánimo, hemos vuelto a casa buscando consuelo y hemos oído un pitido al llegar. Nuestro tamagotchi nos avisa de que estaba triste. Entonces hemos jugado con él, le hemos dedicado nuestro tiempo, le hemos limpiado sus cacas y suministrado pastillas. Y a las dos semanas hemos llorado su muerte. ¿Y ahora qué?

Al examinar cada uno de estos objetos, se ha ido dibujando un paisaje, un paisaje que es continuo y es un paisaje incompleto. En primera instancia, cada uno de estos dispositivos fue seleccionado para abarcar un campo de análisis amplio pero definido, con la intención de que funcionara como las composiciones de tejidos en *patchwork*.

La intuición inicial tenía como objetivo hablar de la correa para hacer referencia al problema del maltrato, de la dominación y de la explotación. Con ellos han venido de la mano las teorías e iniciativas por los derechos de los animales y el descubrimiento fue: no es lo mismo ser ecologista que ser animalista. No necesariamente. En el ecologismo prima el equilibrio de las especies desde su totalidad, mientras que el animalismo mira específicamente a cada individuo de la manera en que Derrida escribía sobre su gato. De esta manera, poniendo por ejemplo la caza, mientras que el ecologismo tendería a defender la caza controlada para la regulación de población de una especie concreta, el animalismo defendería cada uno de sus individuos por su derecho pleno e irrebatible a la vida.

La correa se presenta en un principio como un utensilio con una forma muy concreta y un origen e historia quizás más especulativo, pero sin duda con unas implicaciones altamente culturales. La correa, como resultado es un vector para ganar consciencia sobre el paternalismo arraigado y el ejercicio de un sometimiento del entorno constante por parte del ser humano.

La loncha, por otro lado, buscaba ser un instrumento para referirme a la disociación entre el sufrimiento de tantos y tantos animales por la ganadería intensiva y la red estructural que soporta la alimentación del siglo XXI. ¿Cómo pueden las mismas personas que compran bandejas de carne del supermercado para hacer hamburguesas ser las mismas que le tejen un jersey a su gato para que no pase frío? Precisamente, porque estos dos escenarios están estrechamente relacionados.

Vuelvo de nuevo a Anna Tsing cuando habla del fuerte vínculo entre el amor y la domesticación: no es aleatorio que en nuestra admiración por los animales y por la vegetación utilicemos macetas, correas, muros, cercas, vallas... Este amor obsesivo ha sido aprendido desde un dominio claro sobre el entorno. Y al mirar otra vez cada interacción del animal humano con cualquier otro ser veo que los objetos son el lenguaje que hemos elaborado para esta convivencia [Fig. 1]. Los dispositivos son, como dice Lizcano, «la metáfora que nos piensa»:

«Igual que las metáforas dan a las cosas y situaciones una consistencia robusta que en ningún modo está en las cosas mismas, basta con alterar y subvertir las metáforas imperantes para que empiecen a esbozarse otras cosas y situaciones, posibles aunque antes inimaginables. Y basta que las nuevas metáforas se extiendan y se vayan incorporando al lenguaje para empezar a habitar en otro mundo».

Cuanto más nos alejamos de la integración de los ritmos biológicos de otros seres, más resuena la pregunta silenciosa de dónde se han escondido. Un claro ejemplo toma forma a través de la regla 3-30-300 propuesta por el profesor de ecologización urbana y silvicultor holandés, Cecil Konijnendijk, según la cual «cada persona debe poder ver desde su propia casa al menos 3 árboles, los vecinos de un barrio deben tener al menos un 30 por ciento de vegetación y, por último, vivir como máximo a 300 metros de un espacio verde o parque público». Todo ello con el objetivo de minimizar el nivel de estrés y suavizar las temperaturas. Ya hemos visto a través del trabajo de Paulo Tavarés que un instrumento poderoso para combatir la crisis en general, y cada desastre ecológico en particular, son las normativas, utilizar nuestras propias reglas para cambiar las reglas. O quizás podemos recurrir a la estrategia del tamagotchi y no volver a buscar un árbol ni una mariquita jamás. En su lugar, valiéndonos de nuestro dominio tecnológico y capacidad de inventiva, diseñar y articular modos de vida simulada que obedezcan a los parámetros bajo los cuales podamos relacionarnos con ellos sin renunciar ni al amor, ni al control.

Llegados a este punto, los protagonistas de este trabajo han sido tres objetos específicos escogidos por mí, pero podrían haber sido otros. El antropocentrismo rebosante a la hora de definir la red de vínculos de la que formamos parte opera como la mirada analítica, científica e incluso emocional más extendida a día de hoy; un perro es «*el mejor amigo del hombre*».

Quizás si nos esforzamos en desaparecer de la ecuación nos podemos dar cuenta de cosas como que las plantas *de interior* son plantas exteriores en algún lugar de la Tierra o que los animales de trabajo no son una raza de por sí. O quizás incluso nos podríamos dar cuenta de que cada vez más vínculos con lo más-que-humano son como una loncha: la abstracción idealizada de lo que realmente tenemos delante y que ya no podemos ver.

«Nosotros, las personas, somos iguales que nuestros compañeros de planeta. No podemos acabar con la naturaleza; sólo representamos una amenaza para nosotros mismos. La idea de que podemos destruir toda la vida, incluyendo a las bacterias que progresan en los tanques de agua de las centrales nucleares o en las fumarolas hirvientes, es ridícula. Escucho a nuestros hermanos no humanos, riéndose por lo bajo: salimos adelante sin vosotros antes de conoceros y ahora vamos a seguir adelante sin vosotros, cantan en armonía. La mayor parte de ellos, los microbios, las ballenas, los insectos, las plantas con semilla y los pájaros todavía lo siguen haciendo. Los árboles de la selva tropical canturrean para sí mismos, esperando a que terminemos nuestra arrogante tala y puedan volver a su trabajo de crecer como solían hacerlo. Sus cacofonías y armonías continuarán mucho después de que nosotros nos hayamos ido».

Lynn Margulis,
Planeta simbiótico

Bibliografía

BANDAI. *Tamagotchi. Instrucciones de uso.* Barcelona: Bandai, 1997.

BARAGLIA, R. «Sobre la ontología orientada a objetos: una introducción a la filosofía de Graham Harman». *Revista LUTHOR,* n. 20, 2014.

BENNETT, J. *Vibrant Matter: A Political Ecology of Things.* Duke University Press, 2009.

BLÜMLE, C.; SCHÄFER, A. (eds.) SIEPH (trad.).*Struktur, Figur, Kontur. Abstraktion in Kunst und Lebenswissenschaften*, Diaphanes, 2007.

CLÉMENT, G. *Manifiesto del tercer paisaje*, 2018.

CHERREL, K. «El cementerio de tamagotchis». VICE, 2021. Recuperado el 25/05/23 https://www.vice.com/es/article/dy8axx/cementerio-tamagotchis

DESCOLA, P.; PONS, H. *Más allá de la naturaleza y cultura*, 2012.

DESPRET, V. *Autobiografía de un pulpo y otros relatos de anticipación.* CONSONNI, 2022.

DONALDSON, S.; KYMLICKA, W. *Zoopolis: A Political Theory of Animal Rights.* OUP Oxford, 2011.

GOOD, D. «The Pet Rock Captured a Moment and Made Its Creator a Millionaire». *ABC News*, 2015. Recuperado el 14/05/2023. https://abcnews.go.com/US/pet-rock-captured-moment-ma-de-creator-millionaire/story?id=30041318

GUIN, U. K. L. *La rosa de los vientos*, 1987.

GUIN, U. K. L. *Dancing at the Edge of the World: Thoughts on Words, Women, Places.* Grove Press, 1989.

HARAWAY, D. J. Cuando las especies se encuentran: introducciones. *Tabula rasa, 31.* 2019. https://doi.org/10.25058/20112742.n31.02

HARAWAY, D. J. *Manifestly Haraway.* U of Minnesota Press, 2016.

HARAWAY, D. J. *Seguir con el problema: generar parentesco en el Chthuluceno.* CONSONNI, 2020.

HARVEY, D. *Ciudades rebeldes: del derecho de la ciudad a la revolución urbana.* Ediciones Akal, S.A., 2013.

HARMAN, G. *Guerrilla Metaphysics: Phenomenology and the Carpentry of Things.* Open Court, 2011.

HARMAN, G. *Object-Oriented Ontology: A New Theory of Everything.* Great Britain: Penguin Books, 2018.

LATOUR, B. *Politics of Nature.* Harvard University Press, 2009.

LATOUR, B. An Attempt at Writing a Compositionist Manifesto. HAL (*Le Centre pour la Communication Scientifique Directe*), 2010. https://hal-sciencespo.archives-ouvertes.fr/hal-00972938

LAVAZZA, H. Más allá de la naturaleza y la cultura. *Apuntes de investigación del CECYP, 27*, 2016. pp. 233-239. https://dialnet.unirioja.es/descarga/articulo/5524206.pdf

MARENKO, B.; VAN ALLEN, P. Animistic design: how to reimagine digital interaction between the human and the nonhuman. *Digital Creativity, 27*(1), 2016. pp. 52-70. https://doi.org/10.1080/14626268.2016.1145127

MARGULIS, L. *The Symbiotic Planet: A New Look At Evolution.* Hachette UK, 2013.

MORAGA, C. *La vida del perro guía*. elDiario, 2015. Recuperado 22.05-2023. https://www.eldiario.es/caballodenietzsche/vida-perro-guia_132_2470225.html

RAQUEJO, T. Wilhelm Worringer, el mensajero del arte de fin de siglo y los inicios de la abstracción. *Anales de historia del arte, 2*(2), 1990. pp. 193-208. https://doi.org/10.5209/rev_anha.1990.v2.33167

RESTREPO, E.; URIBE, M. V. *Antropologías transeúntes*, 2000.

RODARI, G. «Gramática de la fantasía: introducción al arte de inventar historias». Booket, 2006.

RONDEROS, N. Tamagotchi, la mascota virtual: la globalización y la sociedad de la simulación a través de una tecnología del ocio. *Antropologías transeúntes 41*, 2012.

STRAND, S. *The Flowering Wand: Rewilding the Sacred Masculine.* Simon and Schuster, 2022.

TSING, A. L. Unruly Edges: Mushrooms as Companion Species. *Environmental humanities, 1(1)*, 2012. pp. 141-154. https://doi.org/10.1215/22011919-3610012

VON UEXKÜLL, J. *Andanzas por los mundos circundantes de los animales y los hombres.* CACTUS, 2016.

WORRINGER, W. *Abstraccion y naturaleza. Una contribucion a la psicologia del estilo.* Fondo de Cultura Economica, 2008.

Este libro se terminó de imprimir
en Madrid, en noviembre de 2024